大学入試

全レベル問題集
日本史B

東京都立大泉高等学校教諭 太田尾智之 著

基礎レベル

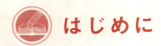

はじめに

　『全レベル問題集　日本史B①』は，とにかく日本史が苦手だと感じる人のために生まれました。つまり「日本史で大学受験したいけど基礎から勉強しないとだめだ」と思っている人のための問題集というわけです。

　この本に収録されている問題は，ほとんどすべてが近年の大学入試問題から精選されたものです。そして，できるかぎり学校の定期考査と同じような感覚で取り組める問題を選んでいますから，誰でも安心して取り組むことができるはずです。

　この問題集は大学受験に向けた「はじめの一歩」になることを想定していますが，日常学習用にすることも可能です。学校の授業進度に合わせて取り組むことはもちろん，定期考査前の力試しに取り組むこともできます。

　問題の解説ページは，単なる答え合わせに終わってしまうことのないよう，関連する図版や時代の流れをつかむポイントを掲載しているので，学習に役立ててください。

　どの科目にもいえることですが，はじめから成績がいい人などいません。まずは，今の自分に適した努力を着実に積み重ねることが大切です。この問題集が日本史の勉強に悩める人の一助になれば，これほど嬉しいことはありません。

太田尾智之

本書で使用している入試問題は，原典の様式を尊重して掲載していますが，一部の問題のみを抜き出す，解答を補うなどの改題を適宜行っています。文章を大幅に変えるなどの改変があったものについては「改」と入れています。また編集上の都合により，設問文や問題番号などは，本書内で統一している箇所もあります。

著者紹介：**太田尾智之**（おおたおともゆき）

　1981年東京都生まれ。現在，東京都立大泉高等学校主任教諭。2017年度から『全国大学入試問題正解　日本史』（旺文社）の解答・解説の執筆を担当している。共著に『東京グローバル散歩　身近なところから世界を感じる東京歩き』（山川出版社）がある。

本シリーズの特長と本書の使い方

1. 自分のレベルに合った問題を短時間で学習できる！
大学の難易度別の問題集シリーズ。大学入試を知り尽くした著者が，過去の大学入試から問題を厳選し，レベルに応じた最適な解説を執筆。自分にぴったりな問題と解説で理解が深まり，知識が定着します。

2. 入試対策の第一歩にぴったりの『①基礎レベル』！
高校基礎〜大学受験準備レベルの過去問題を精選しました。日本史が苦手な方にもわかりやすいよう，解説も丁寧に書かれています。日本史の受験対策の第一歩に最適な一冊です。

3. 学習効率重視の構成！
時代順に25テーマを並べ，歴史の流れをつかみやすくしました。1テーマにつき，問題2〜6ページ（本冊）＋解答解説2ページ（別冊）で使いやすい構成です。

4.「日本史の学習アドバイス」も掲載！
5〜7ページに，著者からの「日本史の学習アドバイス」をまとめました。まずこれを読んで，自分なりの学習計画を立てましょう。

3

目次

はじめに …………………………………………………… 2
本シリーズの特長と本書の使い方 ………………………… 3
日本史の学習アドバイス …………………………………… 5

1章　原始・古代
1　原始時代〜弥生時代 ……………………………………… 8
2　古墳時代 …………………………………………………… 12
3　飛鳥時代 …………………………………………………… 16
4　奈良時代 …………………………………………………… 18
5　平安時代1 ………………………………………………… 21
6　平安時代2 ………………………………………………… 24

2章　中世
7　院政期〜鎌倉時代1 ……………………………………… 28
8　鎌倉時代2 ………………………………………………… 32
9　南北朝〜室町時代1 ……………………………………… 36
10　室町時代2 ………………………………………………… 40

3章　近世
11　織豊政権 …………………………………………………… 46
12　江戸時代前期1 …………………………………………… 48
13　江戸時代前期2 …………………………………………… 52
14　江戸時代後期1 …………………………………………… 56
15　江戸時代後期2 …………………………………………… 60

4章　近代
16　幕末 ………………………………………………………… 64
17　明治時代1 ………………………………………………… 66
18　明治時代2 ………………………………………………… 68
19　明治時代3 ………………………………………………… 72
20　明治時代4 ………………………………………………… 76
21　大正時代 …………………………………………………… 78
22　昭和時代戦前1 …………………………………………… 82
23　昭和時代戦前2 …………………………………………… 86

5章　現代
24　昭和時代戦後1 …………………………………………… 90
25　昭和時代戦後2 …………………………………………… 94

装丁デザイン：ライトパブリシティ　　本文デザイン：イイタカデザイン　　編集協力：余島編集事務所（小西一也）
校閲：株式会社東京出版サービスセンター　　株式会社ぷれす　　編集：次原 舞

日本史の学習アドバイス

Ⅰ　日本史が苦手な人へ

　日本史学習においては，膨大な数の歴史用語を記憶することが必要です。

　そこで考えてみてほしいのは，日本史の成績がいい人は「素晴らしい記憶力」をもっているのかどうかです。いいかえれば「記憶力が優れている＝日本史の成績が良い」，「記憶力が良くない＝日本史の成績が悪い」ということなのでしょうか。

　いいえ，そうではありません。日本史の成績がいい人は，膨大な歴史用語を記憶する「工夫」をしているだけです。「工夫」とはゴロ合わせではなく，多くの歴史用語を整理して記憶するための準備をするということです。

　したがって，やみくもに歴史用語を覚えようとしても，あまり効果は期待できません。かえって勉強が辛くなるだけです。まずは歴史の知識を整理するための枠組みとなる，時代区分を身につけることから始めましょう。これこそ，日本史を勉強する「工夫」なのです。

Ⅱ　時代区分を身につけよう

　7ページの表を見てください。これを見ながら，大まかな時代区分のポイントを説明します。

　まずは原始・古代です。旧石器時代とは人びとが打製石器を使って狩猟や採集の生活をしていた時代で，日本列島はユーラシア大陸とつながっている時期がありました。約1万年あまり前から温暖化による海面上昇が進み，日本列島は大陸から切り離されました。このころ人びとは土器を利用するようになり，土器の文様から縄文時代とよびます。その後，紀元前5世紀くらいから北部九州に水稲耕作や金属器が伝来し，弥生時代が始まります。中国の歴史書によれば，日本各地に小国が形成されていたようです（3世紀にあらわれた邪馬台国連合が有名です）。3世紀後半からは，大和を根拠地とするヤマト政権が近畿を中心に大規模な古墳を造営しました（古墳時代）。6世紀末の推古天皇のころから政治の中心は大和の飛鳥地方に置かれ，天皇を中心とする政治組織の形成が進みました。この時代を飛鳥時代とよび，大化の改新など政治的変動が続く中で中国にならった律令国家がつくられました。こうして整備された律令制のもとで，奈良の都・平城京（710〜784）を中心に政治が行われた時代を奈良時代といいます。やがて律令制の維持が難しくなったことなどから，桓武天皇が都を平安京に移して律令の再建に努力していくことになりました。ここから鎌倉幕府が成立するまでの約400年間を平安時代といいます。

次は中世。前半が鎌倉時代で，12世紀末に源頼朝が武家政権（鎌倉幕府）を開いてから1333年に幕府が滅ぶまでの約140年間をさします（平安時代の終わりごろの院政期を中世に含めることもあります）。京都の公家政権（朝廷）と鎌倉の武家政権とが，二つの権力をつくった時代です。中世の後半が室町時代で，足利尊氏が1338年に室町幕府を開いてから1573年に滅ぶまでの約230年間をさします。室町幕府は公家政権の力を吸収して全国政権になりましたが，支配はなかなか安定しませんでした。そのため，社会が不安定だった最初の約60年間を南北朝時代，また終わりの約100年間を戦国時代ということがあります。

　近世とは，安土桃山時代と江戸時代のことです。安土桃山時代は，室町幕府が滅んだ1573年から江戸幕府ができるまでの約30年ほどです。織田信長と豊臣秀吉による天下統一の動きが進み，検地や刀狩を通じて身分制社会の基礎がつくられました。江戸時代は，秀吉の死後に権力をつかんだ徳川家康が江戸幕府を開いてから，15代将軍の徳川慶喜が1867年に朝廷に権力を返すまでの約260年間をさします。対外関係を厳しく制限する鎖国のもとで，幕府と各地の大名（藩）とが民衆を支配しました。

　近現代とは，江戸幕府が滅びてから現在にいたる時代です。制定された元号の順に，明治時代（1868〜1912）→大正時代（1912〜26）→昭和時代（1926〜89）→平成時代（1989〜）と進みます。明治時代の日本は欧米諸国と対等な国家をつくるための努力を重ね，大正時代には植民地をもつ帝国として国際社会で大きな位置を占めるようになります。昭和時代に入ると戦争が続き，その後は日本国憲法の平和主義のもとで経済復興と高度経済成長をなしとげました。

　日本史が苦手な人は，以上の時代区分を身につけることを最優先事項にしてください（時代の順番を声に出して言えるようになるまで徹底してください）。なぜなら，日本史学習では常にどの時代の勉強をしているのかを明確に意識して，それぞれの時代のイメージをつかむように勉強することが重要だからです。

Ⅲ　教科書・問題集を活用しよう

　それでは具体的な勉強方法の話に移りましょう。まずは知識を正確に記憶していく作業です。

　ここで教科書の登場です。教科書は日本史を理解するための最良のテキストで，入試問題は教科書の記述をベースに作られますから，まずは教科書を

よく読むことです。各時代の主な人物やできごとを把握して，ひとつひとつの時代がどのような展開をみせて次の時代に推移したのかを確かめながら，精読します（音読も効果的です）。このとき，学校の授業で使っているノートや資料集があれば，教科書を読む補助手段として活用しましょう。

　教科書は，小項目ごとに3回は読むようにしましょう。1回目は，歴史用語を意識せずに文章そのものを理解するつもりで読みましょう。脚注などの細かな部分は読みとばして構いません。2回目は，文章中の歴史用語の意味するものを意識しながら読みましょう。このときも脚注などは無視して構いません。3回目は，教科書に掲載されている地図やグラフなども意識しながら丁寧に読みましょう。脚注にも目を通してみてください。こうして同じ文章を繰り返し読むことで，少しずつ理解が深まるはずです。

　ただし，教科書を読むだけで知識・理解は定着しません。ここで必要になるのが問題集です。実際に問題を解いてみることで，自分が本当に理解できているのか（記憶できているのか）を確かめることができます。間違えた問題については，解説をよく読むだけで済ませてはいけません。必ず教科書を開き，問われた内容がどのように記されているのか丁寧にチェックします。

　また，正解できた問題でも油断は禁物です。人間の記憶は時間とともに薄まるからです。ある程度時間がたったところで，もういちど同じ問題に取り組むことが大切です。こうした反復学習を続けて問題集の内容が身についたころ，あなたの成績は着実に上がっているはずです。

日本史の時代区分と主なできごと

時代区分		主なできごと
原始・古代	旧石器時代	狩猟・採集生活を送る
	縄文時代	縄文土器の使用
	弥生時代	水稲耕作が始まる，金属器の使用
	古墳時代	各地で古墳の築造
	飛鳥時代	聖徳太子の政治，大化改新，大宝律令の制定
	奈良時代	平城京遷都
	平安時代	平安京遷都，摂関政治の開始，院政の開始
中世	鎌倉時代	鎌倉幕府の成立，北条氏の執権政治
	室町時代	室町幕府の成立，応仁の乱
近世	安土桃山時代	織田信長・豊臣秀吉の天下統一事業
	江戸時代	江戸幕府の成立，鎖国の完成
近現代	明治時代	明治維新，明治憲法の成立，日清・日露戦争
	大正時代	第一次世界大戦，普通選挙法の成立
	昭和時代	太平洋戦争，日本国憲法の公布

1章　原始・古代

解答・解説：別冊 p.2

1 原始時代～弥生時代

1 次の文章を読み，下記の設問に答えなさい。 　　　　　　　（北海学園大）

　それまでの考え方では，ふつう，関東地方の各地で，遺跡の発掘や調査が実施されても，まず黒土層内の遺物包含層を竹べらなどで丹念に掘り進めてゆき，その下の関東（　A　）層の赤土が出てくると，もうそこで，地盤が出たとか地山だとかいって，発掘をやめてしまっていた。それが考古学の上での常識であった。

　関東地方に関東（　A　）層が堆積した上部（　A　）の時代は，一万年前から三, 四万年前といわれる。そのころに人類がいたかどうかを知るてがかりはまったくといっていいくらい，何もなかった。

（中略）

　東京地方などで厚さ十メートルを越す関東（　A　）層は，赤土とよばれ，日本の第四紀（　B　）の長い間の謎を秘めた地層であった。

　その厚い層のなかに何万年か眠りつづけ，残されてきた祖先の体臭――そして日本における始源文化研究のいとぐちが，笠懸村の丘陵地帯の赤土のなかから発見された石器時代文化によって，ほぐれはじめたのだった。

　それは，夢を求める執念とあくなき追求と，学究グループの決断によってもたらされた。赤土の崖――と私がよんだそこは，たちまち「岩宿の崖」とよばれ，「岩宿遺跡」となり，「岩宿文化」となった。

1969年『「岩宿」の発見　幻の旧石器を求めて』講談社　一部改変

☐ **問1** ⑴　（　A　）に当てはまる適切な3文字を書きなさい。

　　⑵　また，（　B　）に当てはまる地質年代を3字で答えなさい。

☐ **問2** 下線部に関連して，岩宿遺跡の所在する場所を現在の都道府県名で答えなさい。

☐ **問3** 岩宿遺跡の発見者で，この引用文の著者でもある人物名を答えなさい。

☐ **問4** 岩宿遺跡の発見後も，旧石器時代にかかわる遺跡は列島各地で調査されてきた。長野県のある湖の底からも，長年にわたり発掘を手がけた市民グループが，この時代の打製石器や骨角器を発見している。

8

(1) この遺跡の名前となった湖の名称を下記から選び，記号で答えなさい。

　　ア．諏訪湖　　イ．猪苗代湖　　ウ．山中湖　　エ．野尻湖

　　オ．浜名湖

(2) また，遺跡から骨が発見された大型哺乳動物で，現在は絶滅しているが，当時狩猟対象とされていた動物名を2つカタカナで答えなさい。

□ **問5** 旧石器時代の終わりには，長さが幅の数倍あり，両縁が並行するカミソリの替刃のような小型の石器を，木や骨の側縁部にはめ込んで使用する習慣が広がった。この道具の名称として適切なものを，下記から選び記号で答えなさい。

　　ア．細石器　　イ．磨製石器　　ウ．ナイフ形石器　　エ．尖頭器

　　オ．石匙

2 **つぎの文章をよみ，設問に答えなさい。** （東海大）

(a)旧石器時代の人々は，狩猟と植物性食料の採集を基盤とした生活をおくっており，狩猟には尖頭器とよばれる石器を棒の先端に装着した槍を使い，ナウマンゾウやオオツノジカなどの大型動物を捕らえていた。

今から約1万3000年前になると，狩猟・採集生活を主としつつも，土器や弓矢の使用を特徴とする縄文文化がおこった。土器は食物の貯蔵や煮たきを可能にしたことで，人々の暮らしを大きく変えた。また，用途に応じてさまざまな種類の石器がつくられ，使用された。例えば，（　ア　）は漁労に用いられた道具として知られ，海や川においても縄文時代の人々が活発に活動していたことを物語っている。また，動物の骨や角などを加工した骨角器も使用され，その多くは(b)貝塚から発見されている。

縄文時代の人々は地面を掘りくぼめ，その上に屋根をかけた竪穴住居で定住生活をいとなみ，なかには10数軒ほどの竪穴住居が中央の広場を囲むように配置された環状集落を形成する場合もあった。

紀元前5世紀前後，朝鮮半島に近い九州北部で水稲耕作がはじまり，その後，西日本に水稲耕作と青銅器・鉄器の使用を特徴とする(c)弥生文化が広がっていった。水稲耕作はさらに東日本へも広がり，長らく続いた狩猟・採集生活を大きく変化させた。

1 ｜ 原始時代〜弥生時代　　9

初期の水稲耕作は，低地を利用した湿田でおこなわれていた。福岡県の板付遺跡にみられるように，排水用の水路はこの段階から存在しており，その後，畔（あぜ）で区画され，灌漑（かんがい）・排水のための水路をめぐらせた水田の開発も進められた。耕作の道具として木鋤（きすき）や木鍬（きくわ）などの木製農具が使用され，収穫には稲の穂を刈り取る石包丁が用いられた。また，もみがらを取り去る脱穀には木臼や（　イ　）が使用された。

□ **問1**　空欄（　ア　）として，正しいものを下記から1つ選びなさい。

　　1. 石匙　　2. すり石　　3. 石錘　　4. 石皿

□ **問2**　空欄（　イ　）として，正しいものを下記から1つ選びなさい。

　　1. えぶり　　2. 大足　　3. 高坏（杯）　　4. 竪杵

□ **問3**　下線（a）に関連して，沖縄県で発見された新人の化石人骨として，正しいものを下記から1つ選びなさい。

　　1. 浜北人骨　　2. 柳江人骨　　3. 明石人骨　　4. 港川人骨

□ **問4**　下線（b）に関連して，1877年にアメリカ人モースは日本で最初に貝塚の発掘調査をおこなった。東京都にあるその貝塚として，正しいものを下記から1つ選びなさい。

　　1. 大森貝塚　　2. 鳥浜貝塚　　3. 加曽利貝塚　　4. 里浜貝塚

□ **問5**　下線（c）に関連して，水稲耕作や青銅器・鉄器は中国大陸から朝鮮半島を経由して西日本にもたらされたが，そのほか，新たに伝わった技術として，正しいものを下記から1つ選びなさい。

　　1. 灰吹法の技術　　2. 紙の製法　　3. 機織りの技術

　　4. 須恵器の製法

3 次の文章を読んで，以下の問いに答えよ。　　　　　　　　　　（大阪経済大）

　大陸から伝来した稲作は，九州北部から気候条件が適した西日本一帯に普及し，やがて東北地方にまでひろまった。初期の稲作（水耕稲作）では，低地に小規模な（　A　）が営まれたといわれる。

　稲作を中心とする農耕の開始は，社会のしくみや人々の生活に大きな変化をもたらした。耕作をおこなうためには共同作業が必要となり，それにともない，まとまった地域を統一する者が現われた。ついで，わが国の各地に出現した小国の中には，中国と交渉をもち始める者も登場した。（　B　）によれば，弥生中期頃の倭人社会は百余国に分かれ，（　C　）郡に使者を送っていた。また（　D　）などによれば，「漢委奴国王」が光武帝から金印を授けられたという。

□ **問**　空欄（　A　）〜（　D　）にあてはまる最も適切な語句を，以下から選べ。

　　A．①焼畑　　②切替畑　　③湿田　　④乾田

　　B．①『漢書』地理志　　②『宋書』倭国伝
　　　　③『魏志』倭人伝　　④『後漢書』東夷伝

　　C．①加羅　　②楽浪　　③帯方　　④臨屯

　　D．①『漢書』地理志　　②『宋書』倭国伝
　　　　③『魏志』倭人伝　　④『後漢書』東夷伝

解答・解説：別冊 p.4

2 古墳時代

1 次の文章を読んで，後の各問に答えなさい。 （東京経済大）

　日本における古代の始まりは，一般的に (a)ヤマト政権の成立によってであるとされる。「ヤマト」とは，「飛鳥」や「斑鳩」といった他の地域とは区別された呼称で，三輪山の麓一帯を指す。出現期古墳が集中する地域である。古墳はおそくとも4世紀の中ごろまでに東北地方中部にまで波及し，東日本の広大な地域がヤマト政権に組み込まれたことを示している。古墳には，前方後円墳・前方後方墳・円墳・方墳などさまざまな墳形がみられるが，大規模な古墳はいずれも (b)前方後円墳である。古墳には，遺体とともに種々の (c)副葬品が埋葬された。また，この時期，朝鮮半島では，高句麗や新羅，百済などの国々が興り，互いに覇を競い合い，その戦乱を逃れて多くの (d)渡来人が海を渡って，さまざまな技術や文化を日本に伝えた。さらに，朝鮮半島南部をめぐる混乱に対して，外交・軍事上の立場を有利にするため，5世紀初めから約100年間，(e)倭の五王が相次いで中国の南朝に朝貢したことが，『宋書』倭国伝に記されている。

　(f)古墳時代の民衆の生活においては，農耕に関する祭祀は，もっとも大切なものであり，なかでも豊作を祈る春の祈年の祭りや収穫を感謝する（　A　）の祭りは重要なものであった。

□ **問1** 文中の（　A　）に入れるのに最も適切な語句を，次の①～④の中から一つ選びなさい。

　　① 禊　　② 新嘗　　③ 太占　　④ 盟神探湯

□ **問2** 下線部（a）に関して，以下の（イ）・（ロ）の設問に答えなさい。

　　（イ）　ヤマト政権に関する記述として最も適切なものを，次の①～④の中から一つ選びなさい。

　　　　①　邪馬台国の卑弥呼を中心とした政権である。

　　　　②　『魏志』倭人伝に，この政権に関する叙述がみられる。

　　　　③　信楽の地に首府を置いた統一政権である。

　　　　④　豪族たちを氏姓制度の下に編成していった。

　　（ロ）　稲荷山古墳出土の鉄剣銘に記されているヤマト政権の盟主の呼称と

12

して最も適切なものを，次の①〜④から一つ選びなさい。

① 大王　　② 君主　　③ 国王　　④ 大君

□ **問3**　下線部（b）に関連して，現存する最大面積の前方後円墳として最も適切なものを，次の①〜④の中から一つ選びなさい。

① 箸墓古墳　　② 誉田御廟山古墳　　③ 大仙陵（大山）古墳

④ 造山古墳

□ **問4**　下線部（c）に関連して，古墳の石室に副葬品として納められたものとして適切でないものを，次の①〜④の中から一つ選びなさい。

① 円筒埴輪や人物・動物などをかたどった形象埴輪

② 碧玉製の腕輪類

③ 生前身に着けていた衣服や王冠

④ 鉄製の武器や農工具

□ **問5**　下線部（d）に関連して，渡来人がもたらした技術や文化についての記述として最も適切なものを，次の①〜④の中から一つ選びなさい。

① 史部などと呼ばれた渡来人が，漢字を用いてさまざまな記録や出納・外交文書の作成にあたった。

② 新羅の博士であった王仁が『論語』と『千字文』をもたらし，漢字を伝えたと言われている。

③ 五経博士が，百済から仏教を伝えたとされる。

④ 土師器よりも低温で焼かれ主に祭祀に用いられた須恵器を伝えた。

□ **問6**　下線部（e）に関連して，倭の五王のうち，最後の「武」とされる天皇名として最も適切なものを，次の①〜④の中から一つ選びなさい。

① 履中天皇　　② 仁徳天皇　　③ 応神天皇　　④ 雄略天皇

□ **問7**　下線部（f）に関連して，この時代の民衆の生活についての記述として最も適切なものを，次の①〜④の中から一つ選びなさい。

① 住居には，竈に代わって囲炉裏が作られるようになった。

② 円錐形の整った形の山や高い樹木，巨大な岩などを神のやどるところと考え，祭祀の対象とした。

③ 衣服として，貫頭衣が一般的になった。

④ 都市部では定期市が開かれるようになった。

2 ｜ 古墳時代　　13

2 つぎの文章をよみ，設問に答えなさい。 （東海大）

　古墳は墳丘の形によって数種類に分類されるが，なかでも（　ア　）は規模が大きく，その多くが各地の首長墓として築造された。奈良県桜井市にある箸墓古墳は，出現期の（　ア　）としては最大の規模をもつことから，この地を中心に政治連合であるヤマト政権が成立したと考える根拠ともなっている。ヤマト政権の象徴ともいえる古墳は，4世紀なかごろまでには東北中部から九州南部にまで広がり，その全盛期をむかえることとなる。これは各地の豪族たちがヤマト政権と結びつきをもったことを意味している。古墳時代中期の5世紀になると，畿内で大仙陵古墳などの巨大な（　ア　）が築造される一方，(a)吉備地方や上毛野などでも有力な豪族の首長墓とみられる巨大な（　ア　）が築造された。このことは，当時，各地にヤマト政権に拮抗するほどの勢力が存在していたことを暗示している。

　しかし，5世紀後半からヤマト政権の変質がはじまる。それまでは各地の豪族による連合政権という性格が強かったが，(b)大王を中心とした畿内勢力が，各地の豪族を服従させる形で権力の一元化が進んでいく。大王はヤマト政権の盟主として支配体制を強化していった。豪族は氏とよばれる血縁を中心とした同族集団ごとにまとまり，その首長である（　イ　）が氏を代表して大王につかえた。また，大王は氏単位に職務を分担させ，(c)地位や身分を示す称号をあたえた。中央の豪族には臣や連をあたえ，なかでも有力な臣の（　イ　）を大臣とし，有力な連の（　イ　）を大連として，政務を担当させた。こうした有力な豪族は，それぞれの私有地である田荘や私有民である（　ウ　）をもち，それらを経済的な基盤とした。

　一方，地方豪族に対して大王は，君や直などの称号をあたえ，(d)国造や県主に任命した。そして，それぞれの勢力圏内における支配権を認めるかわりに，ヤマト政権の直轄地である（　エ　）や，直轄民である名代・子代の管理にあたらせた。

　(e)6世紀ごろには地方における巨大古墳の築造は一部をのぞいてすたれ，6世紀末ごろにはヤマト政権の支配も安定し，畿内においても巨大古墳の築造は終焉をむかえるのである。

14

□ **問1** 空欄（ ア ）～（ エ ）に適切な語句を記しなさい。

□ **問2** 下線（a）に関連して，吉備地方に築造された造山古墳の全長は360mで，全国の古墳のなかでも第4位の規模をもつ。この古墳が所在する都道府県名を記しなさい。

□ **問3** 下線（b）に関連して，熊本県にある古墳から出土した鉄刀には，ヤマト政権の支配が九州地方におよんでいたことを示す銘文がほどこされている。その鉄刀が出土した古墳の名称を記しなさい。

□ **問4** 下線（c）の称号を何というか。その呼称を記しなさい。

□ **問5** 下線（d）に関連して，6世紀初めに筑紫国造が新羅と手を結び，ヤマト政権に抵抗しておこした戦乱の名称を記しなさい。

□ **問6** 下線（e）に関連して，6世紀以降一定の地域内に円墳などの小規模な古墳が多数密集した状態で築造されることがあるが，このような古墳群の名称を記しなさい。

2 ｜ 古墳時代　15

解答・解説：別冊 p.6

3 飛鳥時代

1 次の文章を読み，下の問いに答えよ。　　　　　　　　（東北学院大／改）

　7世紀は，朝鮮半島をめぐる国際関係が緊張し，戦争にまで発展した時期である。この時期，朝鮮半島はまだ統一されておらず（　A　）（　B　）（　C　）の3ヵ国が覇権を争って，抗争をくり広げていた。(a)倭国はその影響をさまざまな形で受けながら，古代国家の建設を進めていった。

　643年，隣国の攻撃を受けて軍事的に窮地におちいった（　A　）は，（　D　）に救援を要請した。それに応じて（　D　）は，その後，（　B　）にくりかえし侵攻するが，いずれも失敗に終わる。

　こうして半島情勢がにわかに緊迫すると，朝鮮諸国や倭国では国内の支配体制の改革と権力の集中の必要性が高まり，(b)倭国では政変が起こった。政変後に成立した新政権は，（　1　）に都をうつし，地方行政組織として新たに（　2　）を置いた。

　（　A　）と（　D　）は，660年に（　C　）を滅ぼし，ついで（　B　）も滅ぼした。倭国は（　C　）の旧勢力を支援するために(c)半島に出兵したが大敗し，国内の防衛体制を整備しなければならなくなった。

　敗戦後，中大兄皇子は664年に（　3　）を定めるなどして支配秩序の強化を行ったあと，都を（　4　）にうつし，即位して（　5　）となり，（　6　）を作成して公地公民制の確立へ大きく前進した。

　（　5　）の死後，(d)皇位継承争いに端を発した内乱が起こった。乱後即位した（　7　）は，（　8　）を定めて氏族の身分秩序の再編を行った。

□ **問1**　（　A　）〜（　D　）に入る国名を下のア〜カから選べ。ただし，同じ記号には同じ語句が入る。

　　ア．高句麗　　イ．渤海　　ウ．新羅　　エ．隋　　オ．百済　　カ．唐

□ **問2**　（　1　）〜（　8　）に入る語句または人名を下のア〜ソから選べ。ただし，同じ番号には同じ語句が入る。

　　ア．氏上　　イ．飛鳥浄御原令　　ウ．庚午年籍　　エ．天武天皇

　　オ．八色の姓　　カ．難波　　キ．郡　　ク．天智天皇　　ケ．文武天皇

　　コ．氏姓制度　　サ．評　　シ．飛鳥　　ス．藤原　　セ．屯倉　　ソ．近江

□ **問3**　下線部（a）に関して，厩戸王（聖徳太子）の政治の説明として<u>間違っ</u><u>ているもの</u>を下のア〜エから一つ選べ。

　　　ア．蘇我馬子や雄略天皇と協力して政治の改革を進めた。

　　　イ．冠位十二階の制を定め，氏姓制度にとらわれない人材の登用をはかった。

　　　ウ．憲法十七条を定め，豪族たちに官僚としての心構えを示した。

　　　エ．小野妹子を遣隋使として中国に派遣した。

□ **問4**　下線部（b）に関して，<u>間違っているもの</u>を下のア〜エから一つ選べ。

　　　ア．このころ倭国で起こった政変を乙巳の変という。

　　　イ．この政変で殺害されたのは蘇我入鹿である。

　　　ウ．この政変のあと即位した天皇は，皇極天皇である。

　　　エ．この政変のあと，初めて左・右大臣が置かれた。

□ **問5**　下線部（c）に関して，<u>間違っているもの</u>を下のア〜エから一つ選べ。

　　　ア．これを白村江の戦いという。

　　　イ．この後，西日本各地に山城が設置された。

　　　ウ．北九州や壱岐，対馬の警備のために健児が置かれた。

　　　エ．大宰府への外敵の侵入を防ぐ目的で水城が築かれた。

□ **問6**　下線部（d）に関して，<u>間違っているもの</u>を下のア〜エから一つ選べ。

　　　ア．この内乱を壬申の乱という。

　　　イ．この内乱は兄の大海人皇子と弟の大友皇子との間の争いである。

　　　ウ．勝利したのは大海人皇子である。

　　　エ．乱後，旧来の有力豪族が没落し，天皇のもとへの権力集中が進んだ。

3 ｜ 飛鳥時代

解答・解説：別冊 p.8

4 奈良時代

1 古代の経済に関して記した次の文章を読んで，下記の設問に答えよ。

(関東学院大)

　唐にならった国づくりを目指した中央政府は，710年，藤原京から平城京への遷都を行った。平城京は中央を南北に走る朱雀大路で左京と右京とに分けられ，①左京と右京にはそれぞれ官営の市が設けられた。また遷都直前の708年には，武蔵国から銅が献上されたことを機会に，年号を和銅と改め，和同開珎を鋳造した。これ以降，朝廷は10世紀半ばまで，②皇朝（本朝）十二銭と呼ばれる銭貨を発行し続けた。けれども，当時は米や布などの現物取引が中心で，③政府は貨幣流通を促す様々な施策を行ったものの，その効果は限定的なものにとどまった。

□ **問1**　下線部①に関する説明として誤っているものはどれか。該当する番号を一つ選べ。

　　1. 市司がこれを監督した。

　　2. 左京に西市が，右京に東市が置かれた。

　　3. 地方から運ばれた産物が交換されていた。

　　4. 官吏たちに給与として現物支給された布や糸などが交換されていた。

□ **問2**　下線部②にあてはまる銭貨として誤っているものはどれか。該当する番号を一つ選べ。

　　1. 乾元大宝　2. 万年通宝　3. 神功開宝　4. 富本銭　5. 延喜通宝

□ **問3**　下線部③にあてはまる施策として正しいものはどれか。該当する番号を一つ選べ。

　　1. 蓄銭叙位令を出した。　　2. 公出挙を停止した。

　　3. 三世一身法を施行した。　　4. 徳政令を発布した。

2 次の文章を読み，次ページの問いに答えよ。

(神戸女子大)

　奈良時代初めの政界では，ₐ大宝律令の制定やᵦ平城京遷都などで重要な役割を演じた（　ア　）がおおきな力をもった。720年に（　ア　）が死去すると，かわって皇族の（　イ　）が政界の実権をにぎった。（　イ　）を中心とする政

18

府は，そのころ深刻化していた口分田の不足を補うため，723年に（　ウ　）を発して田地の開墾を奨励した。

　この政権のもとでしだいに力をのばした（　ア　）の４人の息子たちは，729年に謀反の疑いで（　イ　）を自殺においこんだ。そしてこれをきっかけに，（　ア　）の娘の（　エ　）を（　オ　）の皇后とすることに成功した。ところが，737年，彼ら４人は疫病によって死去し，政治の実権は（　カ　）の手にうつった。740年，_cこの政権に不満をもつ藤原広嗣が反乱をおこした。この反乱による政情不安をきっかけに，_d（　オ　）は平城京をはなれて都を転々と移したが，最終的には都はまた平城京にもどった。

　こののち，（　オ　）が退位して娘の（　キ　）が即位すると，（　エ　）の信任を得た_e藤原仲麻呂が政界の実権をにぎった。

□ **問1**　下線部a・bがおこなわれたときの天皇名の組合せを，次の①〜④から一つ選べ。

　　① a—文武天皇　b—元正天皇　　② a—文武天皇　b—元明天皇

　　③ a—天武天皇　b—元正天皇　　④ a—天武天皇　b—元明天皇

□ **問2**　空欄（　ア　）にあてはまる人名を，次の①〜④から一つ選べ。

　　①藤原鎌足　　②藤原宇合　　③藤原武智麻呂　　④藤原不比等

□ **問3**　空欄（　イ　）にあてはまる人名を，次の①〜④から一つ選べ。

　　①長屋王　　②舎人親王　　③大津皇子　　④刑部親王

□ **問4**　空欄（　ウ　）にあてはまる法令に関して正しく述べた文を，次の①〜④から一つ選べ。

　　①　全国であわせて百万町歩の開墾が命じられた。

　　②　新しく灌漑施設を造って開墾した場合には，３世代にわたる保有を認めた。

　　③　開墾した田地の私有を永久的に認めた。

　　④　身分に応じて私有する田地の面積が制限された。

□ **問5**　空欄（　エ　）・（　オ　）にあてはまる人名の組合せを，次の①〜④から一つ選べ。

　　①　エ—宮子　オ—聖武天皇　　②　エ—宮子　オ—光仁天皇

　　③　エ—光明子　オ—聖武天皇　　④　エ—光明子　オ—光仁天皇

4 ｜ 奈良時代　19

□ 問6　空欄（　カ　）にあてはまる人名を，次の①～④から一つ選べ。

①橘諸兄　　②大伴家持　　③和気清麻呂　　④道鏡

□ 問7　下線部cの反乱がおこった地域の道名を，次の①～④から一つ選べ。

①北陸道　　②東海道　　③西海道　　④山陰道

□ 問8　下線部dに関して，この間に都がおかれた場所として誤っているものを，次の①～④から一つ選べ。

①難波宮　　②大津宮　　③恭仁京　　④紫香楽宮

□ 問9　空欄（　キ　）にあてはまる天皇の事績を，次の①～④から一つ選べ。

①　和同開珎を発行した。

②　国分寺建立の詔を発した。

③　大仏造立の詔を発した。

④　東大寺で大仏の開眼供養をおこなった。

□ 問10　下線部eが属する家系を，次の①～④から一つ選べ。

①京家　　②式家　　③北家　　④南家

3　次の文章を読み，下の問いに答えよ。　　　　　　　　　　（東北学院大／改）

　　この時代には，国際色豊かな貴族文化が栄えた。この文化を特色づけるものは（　1　）の思想を中核とした仏教である。それは個人の救済よりも国家の安寧を優先し，寺院以外での布教は禁じられた。（　2　）が各地に建立した（　3　）も，このような思想にもとづくものである。

□ 問1　（　1　）～（　3　）に入る語句または人名を記せ。

□ 問2　下線部に関して，民間布教を行って弾圧を受けた僧侶の名前を，下のア～オのうちから一つ選べ。

ア．鑑真　　イ．玄昉　　ウ．良弁　　エ．行基　　オ．道慈

□ 問3　この時代の文化の名称として正しいものを，下のア～エのうちから一つ選べ。

ア　弘仁・貞観文化　　イ　天平文化　　ウ　白鳳文化　　エ　国風文化

5 平安時代1

1 次の（A〜D）の各文を読んで，空欄（ 1 ）〜（ 4 ）に該当する
語を，下記のそれぞれの語群から1つずつ選びなさい。 （愛知学院大）

☐ **A** 810年，薬子の変に際して，嵯峨天皇の命令をすみやかに太政官組織に伝
えるために，秘書官長としての蔵人頭を設け，（ 1 ）らを任命した。その
役所が蔵人所で，それに属する蔵人はやがて天皇の側近としての役割を果た
すようになった。

　　ア．藤原冬嗣　　イ．藤原広嗣　　ウ．藤原不比等　　エ．藤原仲麻呂

　　オ．藤原基経

☐ **B** 842年，嵯峨上皇没後，伴健岑・橘逸勢らが皇太子恒貞親王を擁して謀反
を企てたとして配流になった。また皇太子は廃され，藤原良房の甥である道
康親王が皇太子となった。この事件の真相は，藤原良房が甥の立太子を実現
するためにしくんだ陰謀とみられている。この一連の出来事を（ 2 ）と
よんでいる。

　　ア．安和の変　　イ．阿衡の紛議　　ウ．元弘の変　　エ．正中の変

　　オ．承和の変

☐ **C** 866年，大納言（ 3 ）が左大臣源信の失脚を企図して，朝堂院の正門
である応天門に放火したが，発覚して流罪に処せられた事件を応天門の変と
呼んでいる。

　　ア．藤原忠平　　イ．藤原道長　　ウ．伴善男　　エ．藤原頼通

　　オ．大伴旅人

☐ **D** 969年，藤原氏が左大臣源高明を失脚させた事件で，源高明は娘婿の為平
親王擁立の陰謀ありと，源満仲らが密告したため，源高明は大宰権帥に左遷
された。この事件は（ 4 ）と呼ばれ，以後，藤原北家の地位は不動のも
のとなった。

　　ア．生野の変　　イ．安和の変　　ウ．正中の変　　エ．元弘の変

　　オ．承和の変

5 ｜ 平安時代1　21

2 以下の文を読み，下の問いに答えよ。 (札幌大)

　平安遷都から9世紀末頃までの文化を，嵯峨天皇・清和天皇の時の年号から（　1　）文化とよぶ。この時代，仏教では密教が興隆する。

　真言宗の開祖である空海は，774年讃岐国に生まれた。はじめ大学明経道で学んだが，儒教・仏教・道教を比較し仏教の優位を論じた『三教指帰』を著して仏門に帰依した。804年，唐に留学し，長安青龍寺の恵果から真言密教を学ぶ。帰国後は高雄山寺を拠点として活動したが，816年に高野山で（　ア　）の創建に着手した。823年には，嵯峨天皇から京の（　イ　）（東寺）を授かっている。

　空海は，身分を問わず庶民に開かれた教育機関である（　2　）の設立や讃岐満濃池の修築などの社会事業にも取り組む。また，能書家としても知られ嵯峨天皇・橘逸勢とともに（　3　）の一人に数えられている。空海が最澄に送った3通の書状を一巻に仕立てた『風信帖』は日本書道史上の名品として名高い。漢詩文にもすぐれ，詩文集『性霊集』（遍照発揮性霊集）や詩論書『文鏡秘府論』などが残されている。空海は835年に亡くなるが，921年に醍醐天皇から弘法大師の名を贈られた。

　空海の開いた真言宗の密教を東密とよぶのに対し，天台宗の密教は（　4　）とよばれる。天台宗を日本に伝えた最澄は，767年近江国に生まれ，785年（　ウ　）の戒壇で受戒する。その後比叡山に籠もり修業を続けたが，804年に唐に渡り，法華経を中心経典とする天台の教義と禅や密教を学び，帰国後は比叡山で天台宗を開いた。空海が密教そのものを日本的に再構成・体系化したのに対し，最澄は法華経中心の教学・密教・禅・戒律を合わせて行う四宗合一の立場をとった。最澄は822年に亡くなるが，その死を惜しんだ嵯峨天皇が翌年比叡山の寺に（　エ　）という寺号を授けている。また，866年には清和天皇から伝教大師の名を贈られた。

　最澄の死後，弟子の円仁と円珍が唐に渡って天台教学と密教を学び，天台宗に本格的な密教を取り入れていく。円仁は第3世天台座主，円珍は第5世天台座主として宗門の発展に尽くしたが，二人の仏教解釈の違いから10世紀末以降にはそれぞれの流派が対立することになる。

□ **問1**　文中の（　1　）〜（　4　）に適切な語句を入れよ。

□ **問２**　文中の（　ア　）〜（　エ　）に適切な語句を下からそれぞれ選び記号で
答えよ。

　　　1.　延暦寺　2.　教王護国寺　3.　金剛峰寺　4.　唐招提寺　5.　東大寺

　3　**次の文を読んで，それぞれの質問に答えなさい。**　　　　　（大阪学院大）

　村上天皇の死後の969年に左大臣であった（　a　）が左遷される事件が起
きた。この事件をきっかけにほとんど常に(ア)摂政・関白が置かれることとなり，
その地位には藤原北家出身者がつくこととなった。

　この摂関を出す家柄を摂関家と言うが，摂政・関白となった者は藤原氏の中
で最高の地位にあり，藤原氏の（　b　）を兼ねたが，(イ)その地位を巡り，争
いが絶えなかった。

□ **問１**　空欄（　a　）に入る人物として正しいものを，次の中から一人選びな
さい。

　　　(1)　源高明　　　(2)　菅原道真　　　(3)　伴善男　　　(4)　源信

□ **問２**　下線部（ア）の摂政・関白について述べた次の文の中から，正しいもの
を一つ選びなさい。

　　　(1)　摂政・関白に対しては，多くの荘園が給与として支給された。

　　　(2)　摂政・関白は官吏の任免権と深く関わっていた。

　　　(3)　摂政は天皇が成人したときに任命された。

　　　(4)　関白に最初に任命されたのは藤原良房である。

□ **問３**　空欄（　b　）に入る語句として正しいものを，次の中から１つ選びな
さい。

　　　(1)　氏上　　　(2)　氏の長老　　　(3)　氏の長者　　　(4)　氏の棟梁

□ **問４**　下線部（イ）について述べた次の文の中から，不適切なものを１つ選び
なさい。

　　　(1)　殿下渡領など，代々継承してきた多くの荘園からの利益をほしいまま
　　　　　にしようとして，争いが起きた。

　　　(2)　その権勢をかりて，知行国を設定しようとして，争いが起きた。

　　　(3)　道長がその地位につくときも争いがあった。

　　　(4)　この争いは保元の乱の一端ともなった。

5　｜　平安時代１　　23

6 平安時代2

1 以下の文章を読み，各問に答えよ。 （神戸学院大）

(a)10世紀以降，現世の不安から逃れたいという，人々の強い思いが信仰となってあらわれるようになった。この背景には，(b)社会不安の増大と，釈迦の死後，仏法が衰えて，やがて仏法が滅び天変地異が頻発するという仏教の思想があった。このような思想は，地獄や極楽の様子を示す経文を引き，極楽往生のために念仏をすすめ，人々に大きな影響を与えた(c)書物の誕生にもつながった。また，この信仰の定着と広がりに伴い，(d)関連する建築や美術作品が数多く作られた。

□ **問1** 下線部（a）のような，阿弥陀如来を信仰し，極楽往生を願う教えとして最も適切なものを，次のA〜Eのうちから1つ選べ。

    A．往生教　　B．浄土教　　C．密教　　D．阿弥陀教　　E．道教

□ **問2** 下線部（b）の思想として最も適切なものを，次のA〜Eのうちから1つ選べ。

    A．末法思想　　B．末生思想　　C．末寺思想　　D．末仏思想

    E．末期思想

□ **問3** 下線部（a）・（b）のような信仰・思想が流行した時代に，民間に信仰を広めるべく若いころから諸国を巡り，10世紀半ばには京の市中で人々に念仏をひろめた人物名として最も適切なものを，次のA〜Eのうちから1つ選べ。

    A．鑑真　　B．最澄　　C．法然　　D．空也　　E．行基

□ **問4** 下線部（c）の書名と編者の組み合わせとして，最も適切なものを，次のA〜Dのうちから1つ選べ。

    A．『正法眼蔵』―法然　　B．『往生要集』―源信

    C．『教行信証』―道元　　D．『選択本願念仏集』―親鸞

□ **問5** 下線部（d）に関連する説明として適切でないものを，次のA〜Dのうちから1つ選べ。

    A．藤原頼政が建立した平等院鳳凰堂は，阿弥陀堂の代表的な遺構として知られている。

B．往生しようとする人を迎えるために仏が来臨する場面を示した来迎図が制作された。

C．藤原道長が建立してその壮麗さを称えられた法成寺は，阿弥陀堂を中心とした大寺である。

D．平等院鳳凰堂の本尊である阿弥陀如来を作った仏師定朝は寄木造の手法を完成させた。

2 次の文章を読んで，空欄（　A　）〜（　C　）に適当な語句または人名を漢字で入れ，次ページの問いに答えよ。
（摂南大）

　平安時代前期9世紀の文化は，それまで受けていた大陸文化の影響が強いものであったが，10世紀にはいると大陸文化を血肉化した上で，さらに日本の風土や日本人の嗜好にあった優雅で洗練された文化が花開いた。こうした平安時代後半期の文化は，一般に（　A　）文化と呼ばれている。

　その代表は仮名文字であり，平仮名や片仮名の発達によって当時の人々の心の機微を日本語で生き生きと描くことが可能となり，国文学の隆盛につながった。伝説を題材にした初期の作り物語としての『竹取物語』，在原業平と目される人物の恋愛譚がおさめられた歌物語である『（　ア　）』，継母のいじめと，そこから救われ後に幸福となる姫君の姿をテーマとする『落窪物語』など多彩な作品があらわれたが，何といっても傑作は『源氏物語』である。筆者の紫式部は，（　イ　）の娘である中宮彰子に仕えた女房であるが，光源氏の恋愛遍歴，その子薫大将の宿命的悲劇，当時の貴族の光と影，鮮やかな心理描写など，単に平安時代の文学というにとどまらない我が国文学の最高傑作と評価されている。

　紫式部のみならず，『枕草子』を著した（　B　）など，この時代の文学は，多くが宮中に仕えた女性たちの手によって担われたものであった。菅原孝標の女の『（　ウ　）』は，ひたすら『源氏物語』を読んでみたいと願う文学少女だったころからはじめて，40年にわたる生涯を回想するものであり，赤染衛門の作と考えられている『（　エ　）』は，（　イ　）の絶頂期の姿を描き，藤原道綱の母は，『（　オ　）』において結婚生活の中での夫との不和や子供への愛などを綴っている。また，情熱的な恋愛歌で知られ，恋愛遍歴を重ねた（　カ　）も

6 ｜ 平安時代2　25

その日々を自らの日記に記している。

（　A　）文化の発展は，建築や美術工芸の分野においても著しいものがあった。貴族の邸宅は中央に正殿を設け，その南に庭園があって，庭園を取り囲むようにコの字型に殿舎が配される（　C　）造とよばれる日本風のものとなった。建物内部は襖や屏風などで仕切られ，そこには中国の故事や風景が描かれただけでなく，日本の風物を題材とし，日本的情緒にあふれた（　キ　）が描かれた。また，調度品には，漆で模様を描き，そこに金・銀などの金属粉を散らして模様とする（　ク　）の技法が施された。

□ **問**　空欄（　ア　）～（　ク　）にもっとも適当な語句を，下の（a）～（d）から一つずつ選べ。

ア．(a) 宇津保物語　　(b) 伊勢物語　　(c) 保元物語　　(d) 今昔物語

イ．(a) 藤原良房　　(b) 藤原頼通　　(c) 藤原信西　　(d) 藤原道長

ウ．(a) 土佐日記　　(b) 更級日記　　(c) 蜻蛉日記　　(d) 十六夜日記

エ．(a) 栄華物語　　(b) 伊勢物語　　(c) 平家物語　　(d) 平治物語

オ．(a) 土佐日記　　(b) 更級日記　　(c) 蜻蛉日記　　(d) 十六夜日記

カ．(a) 額田王　　(b) 小野小町　　(c) 小式部内侍　　(d) 和泉式部

キ．(a) 大和絵　　(b) 水墨画　　(c) 浮世絵　　(d) 錦絵

ク．(a) 螺鈿　　(b) 蒔絵　　(c) 流遒　　(d) たたら

3　次の文章を読み，設問に答えなさい。　　　　　　　　（大阪学院大）

8～9世紀には，大寺院や貴族などがみずから開墾した土地などをもとに荘園が発生したが，このような荘園は10世紀には衰退していった。

この一方，地方の有力者の中にしだいに一定の土地を開発する者が出現する。彼らの中には土地を中央の有力者に寄進し，その土地の権益を守ろうとする者もいた。(ア)寄進を受けた荘園の領主は(イ)さらに有力な貴族や皇族などに寄進することがあった。

□ **問1**　下線部（ア）について，この寄進を受けた領主は何と呼ばれたか。次の中から正しいものを1つ選びなさい。

(1) 受領　　(2) 領家　　(3) 本家　　(4) 田堵

26

□ 問2　下線部（イ）に関して，このように寄進を受けた有力貴族や皇族などは荘園に対していかなることをおこなったか。次の文の中から不適切なものを1つ選びなさい。

(1) 政府に官物や臨時雑役の免除を働きかけた。
(2) 国司にその任期中は不輸とすることを求めた。
(3) 検田使など，国司の使者の立ち入りを認めない特権を得ようとした。
(4) 押領使や追捕使の立ち入りを認めない特権を得ようとした。

4　次の系図に関する下の問いに答えよ。　　　　　　　　（名古屋学院大／改）

清和源氏系図

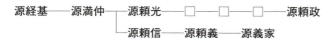

□ 問　ア〜エの説明に該当する人物を系図から選べ。

ア．後三年合戦で清原氏の内紛に介入した。
イ．安和の変において源高明を密告する役割を果たした。
ウ．東国で乱をおこした平忠常を戦わずして降伏させた。
エ．小野好古とともに藤原純友の乱の平定に向かった。

2章　中世

解答・解説：別冊 p.14

7 院政期～鎌倉時代1

1 次の文章を読み，下記の設問について解答しなさい。　（愛知学院大）

　1086年，白河天皇は，幼い（　1　）に皇位を譲って上皇となった。当初は，その補佐を摂関に任せていたが，（　1　）が若くして亡くなり，孫の（　2　）が幼くして即位した頃から，上皇自ら国政に関与することが多くなり，次第に院政という新しい政治形態が整えられていった。院は，従来の先例や法にこだわらずに専制的な政治を行い，摂関家の勢力をおさえる一方，上級貴族以下，受領や后妃・乳母の一族を院近臣としてその周囲に集め，彼らを駆使して朝廷の政治に大きな影響力を持った。この時代に発達した①知行国制度のもと，院分国とよばれる国々では，院近臣が国司に任命され，彼らを通じてその国の収益が院に入るようになっており，寄進された多くの荘園と共に院の権力を支える経済的な基盤となった。

　白河上皇を始め，院政を主催した歴代の上皇は，厚く仏教を信仰し，その豊富な経済力を背景に，多くの寺院を建立し，多数の仏像を造らせ，経典を書写させ，さまざまな法会を主催した。特に白河天皇が建立した（　3　）をはじめとして，天皇・上皇・女院らによって数多くの寺院が建てられた鴨川の東，白河の地は，京都の新しい都市部として発展した。（　4　）は，白河の南の地に②法住寺御所とよばれる大きな邸宅を建て，その近くには院の近臣の一人であった平清盛が，今日三十三間堂として有名な（　5　）を造営して院に献上した。また歴代の上皇や女院は，しばしば熊野や高野山に参詣し，（　4　）や高倉上皇は，清盛に誘われ，遠く安芸国の（　6　）にも参詣した。

□ **問1** 空欄（　1　）～（　6　）に入る適当な語句を，下記の〔語群〕の中から1つずつ選びなさい。

　〔語　群〕

　ア．伊勢神宮　　イ．厳島神社　　ウ．祇園社　　エ．後白河上皇

　オ．後鳥羽上皇　　カ．崇徳天皇　　キ．尊勝寺　　ク．中尊寺金色堂

　ケ．鳥羽天皇　　コ．平等院鳳凰堂　　サ．富貴寺大堂　　シ．法勝寺

　ス．堀河天皇　　セ．領家　　ソ．蓮華王院

28

□ **問2** 傍線部①の説明で，誤っているものを1つ選びなさい。

　　　ア．知行国は，院や上級貴族などに与えられた。

　　　イ．知行国主が貴族の場合，子弟や近親者を国守に任じ，現地には目代を派遣することが多かった。

　　　ウ．武家である鎌倉幕府の将軍家には与えられなかった。

　　　エ．この制度は，貴族の俸禄支給が有名無実化したため，その代りに彼らの経済的収益を確保する必要があったことから生み出された。

□ **問3** 傍線部②について，この法住寺御所の北辺の地は，平氏の本拠地として武士の邸宅が数多く立ち並んでいた。平氏滅亡後，この地に置かれた鎌倉幕府の機関を1つ選びなさい。

　　　ア．問注所　　　イ．鎮西探題　　　ウ．雑訴決断所　　　エ．六波羅探題

2　次の文章を読み，次ページの問いに答えなさい。　　　　　　　　（国士舘大）

　貴族文化は，院政期に入ると，新たに台頭してきた武士や庶民と，その背後にある地方文化をとり入れるようになって，新鮮で豊かなものを生み出した。

　寺院に所属しない聖や上人などと呼ばれた民間の布教者によって，浄土教の思想は全国に広がった。奥州藤原氏の建てた（　a　）や，陸奥の（　b　），九州豊後の（　c　）など，地方豪族の作った阿弥陀堂や，浄土教の秀作が各地に残されている。

　（　d　）がみずから民間の流行歌謡である今様を学んで『梁塵秘抄』を編んだことは，この時代の貴族と庶民の文化との深い関わりをよく示している。また，インド・中国・日本の1000余りの説話を集めた（　e　）は，武士や庶民の生活をみごとに描いており，将門の乱を描いた『将門記』に続いて，（　f　）を描いた『陸奥話記』などの初期の軍記物語が書かれたことも，この時代の文学が地方の動きや武士・庶民の姿に関心を持っていたことを示している。

　これまでの物語文学にかわって，『栄華物語』や（　g　）などの和文体のすぐれた歴史物語が著されたのも，転換期に立って過去の歴史をふり返ろうとする，この時期の貴族の思想をあらわしている。

7 ｜ 院政期〜鎌倉時代1　　29

□ **問1** 空欄 (a),(b),(c) に入る語句の組み合わせとして,正しいものを,次の①～⑥のうちから一つ選びなさい。

　　① a 中尊寺金色堂　　b 白水阿弥陀堂　　c 富貴寺大堂

　　② a 平等院鳳凰堂　　b 富貴寺大堂　　　c 白水阿弥陀堂

　　③ a 富貴寺大堂　　　b 白水阿弥陀堂　　c 三仏寺投入堂

　　④ a 富貴寺大堂　　　b 平等院鳳凰堂　　c 白水阿弥陀堂

　　⑤ a 白水阿弥陀堂　　b 三仏寺投入堂　　c 平等院鳳凰堂

　　⑥ a 中尊寺金色堂　　b 富貴寺大堂　　　c 三仏寺投入堂

□ **問2** 空欄 (d) に入る語句として,正しいものを,次の①～④のうちから一つ選びなさい。

　　①後鳥羽上皇　　②鳥羽上皇　　③白河上皇　　④後白河上皇

□ **問3** 空欄 (e) に入る語句として,正しいものを,次の①～④のうちから一つ選びなさい。

　　①『和名類聚抄』　　②『和漢朗詠集』　　③『今昔物語集』

　　④『古今著聞集』

□ **問4** 空欄 (f) に入る語句として,正しいものを,次の①～④のうちから一つ選びなさい。

　　①平忠常の乱　　②前九年合戦　　③承平・天慶の乱　　④後三年合戦

□ **問5** 空欄 (g) に入る語句として,正しいものを,次の①～④のうちから一つ選びなさい。

　　①『愚管抄』　　②『吾妻鏡』　　③『梅松論』　　④『大鏡』

3 次の文章を読み，下の問いに答えよ。解答は各問いの下にある選択肢から一つ選べ。

（広島経済大）

1180年，源頼朝は相模の鎌倉に侍所を設け，さらに公文所（のちに政所と改称）と問注所をおいて政治体制を確立した。1185年，（　　　）で平氏は滅亡し，頼朝は鎌倉を根拠地に広く主従関係の確立につとめ，関東の荘園・公領を支配していった。その後，頼朝と義経の対立を背景として，頼朝は義経追討などを名目に，守護・地頭の任命権を朝廷に認めさせた。こうして東国を中心にした頼朝の支配権は，西国にもおよび，武家政権としての鎌倉幕府が確立していった。

☐ **問1** 下線部に関連して，侍所の任務について述べた次の文Ⅰ・Ⅱの正誤の組合せとして正しいものを，あとの1〜4のうちから一つ選べ。

Ⅰ．おもに幕府の一般政務や財政事務をつかさどった。

Ⅱ．初代の長官には和田義盛が就任した。

1．Ⅰ．正　Ⅱ．正　　2．Ⅰ．正　Ⅱ．誤

3．Ⅰ．誤　Ⅱ．正　　4．Ⅰ．誤　Ⅱ．誤

☐ **問2** 空欄（　　　）に入る語句として正しいものを，次の1〜4のうちから一つ選べ。

1．屋島の戦い　　2．壇の浦の戦い　　3．一の谷の合戦

4．富士川の戦い

7 ｜ 院政期〜鎌倉時代1　　31

8 鎌倉時代2

1　次の文章を読んで，後の各問に答えなさい。 　　　　　　　（東京経済大）

　鎌倉幕府を創設した源頼朝が1199年に亡くなると，御家人を中心とする政治を求める動きが強まった。1203年には，北条時政が将軍であった頼家をその地位から降ろし，弟の実朝を立てて実権を握った。この時政の地位は，執権とよばれて，子の義時を経て，代々北条氏に継承されることになった。

　義時は，侍所の別当であった（　Ａ　）を滅ぼし，政所と侍所の別当を兼ねることで，その権力を確かなものとした。さらには，1219年に将軍の実朝が暗殺されると，まだ幼い摂関家出身の藤原頼経を将軍とすることで，執権の実権は際立つことになった。

　1221年に朝廷の権力回復をもくろんだ後鳥羽上皇が，北条義時追討の兵をあげたが，結果は，幕府の圧倒的な勝利に終わり，3上皇は配流された。これを承久の乱とよぶ。承久の乱ののち，幕府は皇位の継承に介入するとともに，京都に新たに（　Ｂ　）をおいて，朝廷を監視した。

　義時の子の泰時は，執権を補佐する連署を置くとともに，有力な御家人や政務にすぐれた11名を（　Ｃ　）に選んで，合議制に基づく政治をおこなった。(a)泰時は，1232年に御成敗式目を制定したが，これは武家の最初の整った法典となり，中世において長く踏襲されることとなった。

　ところで，12世紀の後半から13世紀の前半にかけて，東アジアでは，私的貿易や僧侶・商人の往来などの通商が行われており，中国の（　Ｄ　）を中心とする通商圏ができていた。だが，(b)モンゴル高原にチンギス・ハンが現れ，中央アジアを制圧したのち，その孫のフビライ・ハンが国号を元と定めて，中国支配を進めるなかで，東アジアは，激動の時代を迎えることとなった。

　朝貢を求める元に対して，鎌倉幕府の執権北条時宗はこれを拒否し，元は二度にわたって九州北部に侵攻した。(c)御家人の奮闘と暴風雨によって元の侵攻は防がれたが，命懸けで戦った御家人にとっては，恩賞も不十分だった上に，その後も続いた異国警固番役の負担も重く，鎌倉幕府への不満は高まっていった。一方，元寇を機会として，西国一帯に勢力を強めていった北条氏は，全国の守護の半分以上を一門で占めるなどして，（　Ｅ　）政治とよばれる独裁的な

政治を行うようになった。

□ **問1** 文中の空所（　A　）に入れるのに最も適切な人名を，次の①～④の中から一つ選びなさい。

　　①三浦義村　　②畠山重忠　　③和田義盛　　④安達泰盛

□ **問2** 文中の空所（　B　）に入れるのに最も適切な語句を，次の①～④の中から一つ選びなさい。

　　①京都守護職　　②鎮西探題　　③京都所司代　　④六波羅探題

□ **問3** 文中の空所（　C　）に入れるのに最も適切な語句を，次の①～④の中から一つ選びなさい。

　　①評定衆　　②会合衆　　③引付衆　　④根来衆

□ **問4** 文中の空所（　D　）に入れるのに最も適切な語句を，次の①～④の中から一つ選びなさい。

　　①隋　　②唐　　③宋　　④明

□ **問5** 文中の空所（　E　）に入れるのに最も適切な語句を，次の①～④の中から一つ選びなさい。

　　①有司専制　　②得宗専制　　③合議専制　　④執権専制

□ **問6** 下線部（a）に関連して，御成敗式目の内容についての説明として誤っているものを，次の①～④の中から一つ選びなさい。

　　①　源頼朝以来の先例や武士社会の慣習・道徳が明文化された。

　　②　守護や地頭の任務と権限が定められていた。

　　③　御家人同士の紛争を公平に裁く基準を明らかにしていた。

　　④　御成敗式目の制定に伴い，従来の公家法や本所法は廃止された。

□ **問7** 下線部（b）に関連して，元の時代の東アジアの情勢についての説明として最も適切なものを，次の①～④の中から一つ選びなさい。

　　①　朝鮮半島には，新羅が起こり，高句麗と対峙していた。

　　②　沿海州には，渤海が栄えて，日本と友好関係を保っていた。

　　③　蝦夷ヶ島（北海道）では，アイヌの文化が生まれ，海を渡って和人との交易をおこなっていた。

　　④　琉球では，尚巴志が三山を統一し，琉球王国を建国していた。

8　｜　鎌倉時代2　　33

□ **問8** 下線部 (c) に関連して，鎌倉時代末期の御家人の状況についての説明として最も適切なものを，次の①～④の中から一つ選びなさい。

① 御家人たちの多くは，分割相続の繰り返しで所領が細分化され，窮乏していた。

② 徳政令は，下級武士を対象としており，御家人は救済の対象とならなかった。

③ 荘園領主が，武力に訴えて年貢の納入を拒否するようになり，収入が減少した。

④ 女性の地位が高まり，発言権が増して，御家人が幕府の要職につけなくなった。

---

2 次の文章を読み，下の設問に答えよ。　　　　　　　　　（広島修道大）

　鎌倉時代には，農業技術が発達し，農業生産力が増大した。農業生産力の発展は，生産物を多様にした。生産物は荘園領主に納められる一方で，市場で取引されるようになった。商業も発展し，交通の要衝や寺社の門前では，①月に3回市が開かれることも珍しくなくなった。京都や鎌倉などの都市では，定期市のほかに常設の店舗もみられるようになった。すでに平安時代末期から，商工業者は，朝廷や大寺社の保護をうけ，製造・販売についての独占権を認められていたが，やがて②同業者の組合を組織するようになった。

　各地の港や川沿いの交通の要衝には，③商品の保管・運送などを業とする業者も発達した。荘園の年貢は現物にかわって④貨幣で納入されることも多くなった。貨幣の流通にともない遠隔地の取引のために為替の制度が利用され始め，利子をとって金を貸す⑤金融業者もあらわれた。

□ **問1** 下線部①を表す，最も適切な用語を記入せよ。

□ **問2** 下線部②を表す，最も適切な用語を記入せよ。

□ **問3** 下線部③の業者として，最も適切なものを下の選択肢の中から1つ選べ。

　　〔選択肢〕（1)廻船　　(2)社倉　　(3)助郷　　(4)伝馬　　(5)問丸

□ **問4** 下線部④の貨幣について，最も適切なものを下の選択肢中から1つ選べ。

　　〔選択肢〕（1)刀幣　　(2)宋銭　　(3)清銭　　(4)一分金　　(5)丁銀

□ **問5** 下線部⑤の金融業者を表す，最も適切な用語を記入せよ。

3 次の文を読んで，以下の問いに答えよ。 （名古屋学院大）

　鎌倉時代に広がった新仏教に共通する特色は，旧仏教の腐敗を批判し，ただ選びとられた一つの道によってのみ救われると説き，広く武士や庶民にもその門戸を開いたところにある。（　ア　）は，阿弥陀仏の誓いを信じて念仏をとなえれば極楽浄土に往生できると説いた。（　イ　）は，念仏札を配って踊念仏によって多くの民衆に教えを広め歩いた。（　ウ　）は，法華経を釈迦の正しい教えとして選んで題目をとなえることで救われると説いた。一方（　エ　）は，坐禅でみずからを鍛錬して釈迦の境地に近づくことを主張する禅宗を日本に伝え，その後に（　オ　）も，ただひたすら坐禅に徹せよと説いた。

□ **問**　（　ア　）～（　オ　）に入るもっとも適当な人物を，次のうちから一つ選べ。

　　①日蓮　　②道元　　③明恵　　④一休　　⑤法然　　⑥忍性　　⑦栄西
　　⑧最澄　　⑨一遍

解答・解説：別冊 p.18

❾ 南北朝～室町時代1

1 次の文章を読み，下記の問に答えなさい。なお，下線部と問の番号は対応している。

(北海学園大)

　₁両統迭立によって花園天皇から皇位を継承した₂後醍醐天皇は，実子への譲位を画策し，それを支持しない鎌倉幕府の打倒を志すようになった。しかし，計画は1324年に幕府側の知るところとなり，後醍醐天皇の側近であった日野資朝らは佐渡に流されるなどの処分をうけたが，この件に関して天皇が罪に問われることはなかった。これを「₃正中の変」という。これで諦めなかった後醍醐天皇は1331年にも挙兵を企てたが，こちらもあえなく失敗に終わった（「₄元弘の変」）。

　後醍醐天皇による討幕が繰り返し謀られた背景には，当時の鎌倉幕府の御家人統制力の低下などがあった。蒙古襲来以降，多くの御家人が徐々に₅窮乏していく中においても，幕府では相も変わらず効果的な政策を打ち出せない₆得宗による専制体制が続き，御家人らによる北条家に対する反感は非常に強まっていた。そのような状況において，声を上げた後醍醐天皇ら反幕府勢力に呼応する₇武士も少なくなかったのである。

　1333年に後醍醐天皇が隠岐を脱出すると，天皇の呼びかけに応じる勢力は一層増加し，有力御家人の₈足利尊氏までもが幕府に反旗を翻した。そして遂に，新田義貞による攻撃で鎌倉が陥落し，鎌倉幕府は滅亡したのである。これを受けて京都に戻った後醍醐天皇は，武家政治を否定するのみならず，摂政・関白を置かず，政治における実権を天皇に取り戻すべく₉専制的な政治をめざした。しかし，そのような天皇中心の専制政治は，武士社会の伝統や慣習を無視する部分も多く，次第に武士らの不満が高まっていった。

　そのような思いを集め，全国の武士に蜂起を呼びかけたのは，足利尊氏であった。尊氏は，₁₀中先代の乱に対応するために関東へ向かっていたが，これを鎮圧するとそのまま鎌倉の占領を続け，ついには後醍醐政権に不満を持つ武士を集めて京都に攻めのぼった。その後，幾度かの大きな戦いの結果，後醍醐天皇は京都に留まることができなくなり大和地方に逃れたが，₁₁吉野に南朝をひらいて自身の正統性を主張し続けた。これより約60年の間，₁₂南北朝の動乱が続

くこととなる。

□ **問1** 両統迭立とは，亀山天皇の流れをくむ（　ア　）統と後深草天皇の流れをくむ（　イ　）統とが交代で皇位につくことをいう。（　ア　），（　イ　）に適語を入れなさい。

□ **問2** 後醍醐天皇は10世紀前半の醍醐・村上両天皇の政治を理想としていた。両天皇は自らの手による親政を行なった。このような政治体制は天皇政治の理想とされ，後世に「（　　　）の治」と呼ばれた。（　　　）に適語を入れなさい。

□ **問3** このとき，討幕計画を察知して，その実行を未然に防いだのは，主に朝廷の監視や西国御家人の統括にあたっていた（　　　）であった。（　　　）に入る鎌倉幕府の職名として最も適切なものを下の選択肢から選び，ア～オの記号で答えなさい。

　　ア．侍所　　イ．武者所　　ウ．鎮西探題　　エ．六波羅探題　　オ．追捕使

□ **問4** この後，幕府は（　　　）天皇を擁立し，後醍醐天皇を隠岐に配流した。（　　　）に入る天皇の号として最も適切なものを下から選び，記号で答えなさい。

　　ア．光孝　　イ．光厳　　ウ．光格　　エ．光仁　　オ．光明

□ **問5** このことに関連して，蒙古襲来から鎌倉幕府が滅亡するまでの状況について述べた文として，最も適切なものを下から選び，記号で答えなさい。

　　ア．蒙古襲来の際の働きに対し，御家人たちは十分な恩賞を幕府から与えられていたが，鎌倉時代末期にはそれらを食いつぶしており，不満を強めていった。

　　イ．幕府は困窮する御家人を救済するため，1297年に「嘉吉の徳政令」を出した。

　　ウ．中国から輸入した明銭を利用した貨幣経済が発展したが，多くの御家人は対応できず，困窮の度を深めていった。

　　エ．多くの御家人が没落していく一方で，時流に乗って勢力を拡大する武士もあらわれた。なかには荘園領主に武力によって抵抗するものもおり，それらは悪党と呼ばれた。

　　オ．御家人の領地については，鎌倉時代の初期から一貫して単独相続が一般的であったが，この頃から相続できなかった分家の困窮の度合いが激しさを増してきた。

9 ｜ 南北朝～室町時代1

□ **問6** 北条家最後の得宗は誰か。人物名を答えなさい。

□ **問7** 後醍醐天皇政権下において記録所寄人や雑訴決断所奉行人などを歴任した河内の豪族で，1336年に，摂津湊川での合戦で戦死した人物は誰か。人物名を答えなさい。

□ **問8** 足利尊氏の孫で，征夷大将軍，太政大臣を歴任した人物は誰か。人物名を答えなさい。

□ **問9** これに際し後醍醐天皇が用いた，天皇の意思を伝える奉書形式の文書を何というか。二文字で答えなさい。

□ **問10** 乱の首謀者で，この乱が鎮定された後も南朝に属して足利尊氏への抵抗を続けた人物は誰か。人物の姓名を答えなさい。

□ **問11** 「吉野」は，現在の都道府県でいえばどこに存在するか，答えなさい。

□ **問12** このことに関連して述べた文として，最も適切なものを下の選択肢の中から選び，ア～オの記号で答えなさい。

　　ア．高師直と足利直義との抗争に代表される北朝の内紛は，南北朝の動乱を長引かせる一因となった。

　　イ．北朝についたのは公家，南朝についたのは武家と，両朝の支持基盤は明確に分かれていた。

　　ウ．後醍醐天皇は，自身の正統性を示すために，当面の政治方針を明らかにした「建武式目」を制定した。

　　エ．1392年，足利義政は南北朝の合一を実現し，南北朝の動乱を終結させた。

　　オ．南北朝の合体においては，後亀山天皇が皇位を放棄し，天皇は後水尾天皇一人となった。

2 **下記の文章を読んで，下線部に関する設問に答えなさい。** （大阪学院大）

　(ア)室町幕府による支配は，南北朝の動乱もあって当初は不安定であった。幕府は全国の武士を支配するべく各地に守護を派遣したが，(イ)その職権が拡大されるにつれて，強力な守護大名が出現することになった。3代将軍である(ウ)足利義満は，南北朝の合体を実現させ，また京都の市政権を獲得するなどするとともに，(エ)有力な守護大名の力を削ぐことで室町幕府の支配体制を確立した。

　当初より室町幕府は関東を重視しており，鎌倉府を置いて関東を統轄させた。鎌倉府の長官は鎌倉公方であり，そのもとに関東管領があって鎌倉公方を補佐した。(オ)のち将軍と鎌倉公方は対立し，また鎌倉公方と関東管領も対立するようになった。

- **問1**　下線部（ア）に関し，室町幕府の役職である管領に就任する3氏にあてはまるものとして，もっとも適当なものはどれですか。

　　(1)斯波氏　　(2)一色氏　　(3)赤松氏　　(4)京極氏

- **問2**　下線部（イ）に関し，一国における荘園・公領の年貢の半分を守護に徴発する権限を認める法令として，もっとも適当なものはどれですか。

　　(1)下地中分　　(2)半済令　　(3)新補率法　　(4)新恩給与

- **問3**　下線部（ウ）に関し，足利義満がおこなった明との貿易に関係することがらとして，もっとも適当なものはどれですか。

　　(1)建長寺船　　(2)朱印状　　(3)南蛮船　　(4)勘合

- **問4**　下線部（エ）に関し，明徳の乱において足利義満に討たれた守護大名として，もっとも適当な者は誰ですか。

　　(1)細川頼之　　(2)土岐康行　　(3)山名氏清　　(4)今川貞世

- **問5**　下線部（オ）に関し，幕府とたびたび衝突した鎌倉公方の足利持氏が将軍足利義教に滅ぼされた事件として，もっとも適当なものはどれですか。

　　(1)応永の乱　　(2)観応の擾乱　　(3)永享の乱　　(4)嘉吉の乱

9　｜　南北朝〜室町時代1

解答・解説：別冊 p.20

10 室町時代2

1 次の文章を読み，設問に答えなさい。　　　　　　　　　　（大阪経済大）

　南北朝の動乱のなかで，農民は惣とか惣村と呼ばれる自治組織を結成した。荘園内部の有力農民を中心に惣百姓と呼ばれる村民を構成員とする鎮守の祭祀集団である（　A　）を組織して寄合が開かれた。寄合では乙名（長）・（　B　）などとよばれる指導者が村の年中行事の執行，入会地の確保，灌漑用水の管理などを行い，これを実施するための規約として村掟（惣掟）が定められた。

　一方では，惣村の農民は不法を働く荘官の免職や水害・干害の際の年貢の減免を求めて（　C　）を結び，荘園領主のもとに強訴したり，耕作を放棄して逃散を行った。惣村が発展すると惣村どうしが結びつき，徳政などの要求を掲げて土一揆を行うようになった。

□ **問** 空欄（　A　）〜（　C　）に当てはまる最も適切なものを，以下から選べ。

　　A．①組頭　　②年寄　　③百姓代　　④宮座

　　B．①沙汰人　　②名主　　③作人　　④国人

　　C．①隣組　　②一揆　　③講　　④座

2 次の文章を読み，下記の問に答えよ。　　　　　　　　　　（東北福祉大）

　鎌倉時代後期から室町時代にかけて，農業技術の進展は，耕地面積の拡大や収穫の安定をもたらした。畿内や西日本で行われていた二毛作は関東地方にまで広がり，西日本の一部の地域では三毛作も行われるようになるとともに，牛馬耕が普及して耕地面積が拡大した。（　1　）という多収穫の輸入品種も普及し，稲の品種も改良された。肥料も（　2　）や草木灰・厩肥だけでなく下肥も使われるようになった。

　収穫の安定は，農民に稲作以外の副業に従事する余裕を生んだ。苧・麻・（　3　）・藍・楮などの原料作物を栽培するだけでなく，それらから生糸・絹布・麻布・真綿・紙などの加工品を生産し，あるいは鉄製農具などの手工業品を生産するようになっていった。農耕に依存せず，加工品や手工業品を生産して生計を立てることが可能となり，手工業を専門とする職人として自立できるよう

40

になった。

　手工業者の同業者組合である座も結成された。これらは，公家や寺社に保護されて奉仕する関係から脱して，保護を受けるかわりに営業税をおさめるようになり，注文生産や市場商品をも生産するようになった。こうして，各地には，特産物が生産されるようになった。

　盛んな商業活動は，活発な物流と表裏の関係にあった。西国の物資は瀬戸内海や（　4　）を，北国からの物資は琵琶湖をそれぞれ経由して，京都まで運送されたため，物資の荷揚げ地には湊が，陸上交通の要地には宿が発達し，そこでは馬借や（　5　）が年貢物や商品の輸送を担った。

　各地でも，市場と市日の回数が増え，応仁の乱後は（　6　）が一般化した。また，連雀商人や（　7　）とよばれた行商人も増え，都市では見世棚をかまえた常設の小売店もしだいに増えた。

　商取引の拡大は，中国から輸入された銭貨を用いる機会を増やし，借上や土倉などとよばれる金融業者も多くあらわれた。遠隔地間の取引には（　8　）が使われ，年貢も銭で納める代銭納も行われるようになった。現在，各地で出土する大陸渡来の銭や青白の磁器，さらには国内産の常滑焼や瀬戸焼，備前焼といった陶器の存在は，地域間の，あるいは大陸との経済的結びつきの強さを示している。

□　問　空欄（　1　）〜（　8　）に入る適語を下記の語群〔ア〜ナ〕より選び，その記号を記せ。

　　〔語群〕

　　ア．大輪田泊　　イ．振売　　ウ．為替　　エ．芦田川　　オ．律令官人

　　カ．刈敷　　キ．早場米　　ク．荏胡麻　　ケ．淀川　　コ．薩摩

　　サ．菜種　　シ．宋　　ス．人足　　セ．問屋場　　ソ．車借

　　タ．利根川　　チ．大唐米　　ツ．六斎市　　テ．干鰯　　ト．在庁官人

　　ナ．晩稲

10 ｜ 室町時代2　　41

3 次の文章を読み，下記の設問に答えなさい。なお，下線部と問の番号は
対応している。
(北海学園大)

　室町文化は，南北朝文化，北山文化，東山文化の三つに大別することができ
る。南北朝文化は，鎌倉時代から室町時代へと世の中が大きく変わる過渡期の
もので，動乱の時代を反映して多くの歴史叙述がなされた。その代表的なもの
に，南朝の重臣であった₁(Ａ)によって書かれた『神皇正統記』がある。
これは，神代からの天皇の血筋をたどることにより，南朝の正統性を主張する
ものであった。それに対し，室町幕府の正当性を武家の立場から描いたのが，『梅
松論』であった。そして，後鳥羽院の時代から始まり鎌倉時代の歴史について，
公家の立場から描かれたものに『₂(Ｂ)』があったが，この頃から徐々に公
家文化の権威は崩壊していくこととなった。このことは，公家文化の中心とも
いえる和歌の分野において顕著にあらわれており，『古今和歌集』以来続いて
いた勅撰和歌集も，1439年に撰進された『新続古今和歌集』で最後となった。

　公家に代わって，わが国における文化の中心的な担い手となったのは，武家
であった。その武家の文化が伝統的な公家文化を摂取し，融合・発展したもの
が北山文化である。この北山文化を象徴するのは，足利義満が造営した₃北山
山荘で，その舎利殿として建てられた三層からなる金閣には，寝殿造や₄禅宗
様といった異なる建築様式が各層に取り入れられている。北山文化の文化的な
面において義満がかかわったものには，「能」もある。観世座からでた観阿弥・
₅世阿弥親子は義満の保護を受け，猿楽能を芸術の域にまで高めた。

　東山文化の頃になると，公家文化と武家文化との融合がいよいよ進み，それ
らは生活文化のなかにまで取り込まれていった。この時期の文化の象徴となっ
ているのは，₆足利義政が造営した東山山荘である。ここには金閣にならって
銀閣が建てられ，その内部には，近代の和風住宅の原型となった₇(Ｃ)と
いう建築様式が用いられている。これは，寝殿造が変形・発展して完成した武
家住宅の建築様式で，その後一般の民家などにも取り入れられていった座敷は
(Ｃ)における主室の構成が簡略化されたものである。同じように，この時
期に基礎がつくられ後世にまで受け継がれていったものには，茶道や華道があ
る。茶道は村田珠光らが禅の精神を茶に取り入れた侘茶として発展させ，座敷
の床の間を飾る立花を池坊専応らが華道としてまとめあげた。

42

□ **問1** （ A ）に入る人物名を答えなさい。

□ **問2** （ B ）に入る作品名を答えなさい。

□ **問3** 北山山荘は義満の死後，（　　　）という寺に改められた。（　　　）に入るものとして最も適切なものを下の選択肢の中から選び，記号で答えなさい。

　　ア．西芳寺　　イ．慈照寺　　ウ．竜安寺　　エ．永保寺　　オ．鹿苑寺

□ **問4** 下線部4について，次の問に答えなさい。

　(1) 禅宗は，鎌倉時代から武家に広く受け入れられ，室町幕府も厚く保護していた。特に臨済宗は足利尊氏・直義兄弟らが（　　　）に帰依したことなどから大いにさかえた。また，（　　　）は天竜寺を開山した人物でもある。（　　　）に入る人物名を答えなさい。

　(2) 禅僧らは，建築様式のほかに水墨画なども伝えた。この時代の代表作の一つである『瓢鮎図』の作者は誰か。人物名を答えなさい。

□ **問5** 世阿弥の著作で，修道論や演出論，猿楽の歴史などが書かれた能楽論書はなにか，答えなさい。

□ **問6** 義政は文化の保護者としての貢献は大きなものがあったが，施政者としての評価は高くない。その最たる理由に「応仁の乱」を引き起こしたことがあろう。この「応仁の乱」に関連する次の質問に答えなさい。

　(1) 「応仁の乱」が起こった一因に，将軍家の家督争いがある。この争いは，義政の弟義視と，義政と日野富子との間に生まれた（　　　）との争いであった。（　　　）に入る人物名を答えなさい。

　(2) 「応仁の乱」により京都は荒廃し，それを避けるように文化人らが地方へ下ったことにより，文化の地方普及がすすんだ。そのような文化人のうち，島津忠昌に招かれて薩摩に下り，朱子新注による講義を行ない，薩南学派のもとをひらいたのは誰か，人物名を答えなさい。

□ **問7** （ C ）に入る建築様式を答えなさい。

4 次の文章を読み，設問に答えよ。 　　　　　　　　　　(松山大)

　15世紀後半，有力守護たちが京都を中心に戦っている間に，諸国では守護代や国人の力が強まった。全国は争乱の渦に巻き込まれ，約1世紀にわたる戦国時代が到来した。京都をおさえた（　ア　）は（　イ　）に実権を奪われ，その（　イ　）も家臣の（　ウ　）に取って代わられた。東日本では，(a) 北条早雲が伊豆の堀越公方を滅ぼし，関東に進出した。また，甲斐の武田信玄は信濃を勢力下においた。主家の上杉憲政から関東管領職と上杉姓を譲られた越後の上杉謙信は，関東を統一すべく北条・武田と戦闘を繰り返した。特に川中島の戦いでは，武田信玄との激闘が繰り広げられたとされる。各地の戦国大名は，守護代や国人の出身が多く，(b) 守護で戦国大名に転身できた者はわずかであった。

□ **問1**　文章中の空所（　ア　）〜（　ウ　）に入れる人名の組み合わせとして正しいものを，次の中から1つ選べ。

　　① ア：細川晴元―イ：三好長慶―ウ：松永久秀

　　② ア：細川晴元―イ：松永久秀―ウ：三好長慶

　　③ ア：三好長慶―イ：細川晴元―ウ：松永久秀

　　④ ア：三好長慶―イ：松永久秀―ウ：細川晴元

　　⑤ ア：松永久秀―イ：細川晴元―ウ：三好長慶

　　⑥ ア：松永久秀―イ：三好長慶―ウ：細川晴元

□ **問2**　下線部分（a）について，この人物が本拠にした城下町として正しいものを，次の中から1つ選べ。

　　①水戸　　②館林　　③小田原　　④日光　　⑤古河

□ **問3**　下線部分（b）について，守護から戦国大名となった一族として正しいものを，次の中から1つ選べ。

　　①豊後の大友氏　　②陸奥の伊達氏　　③近江の浅井氏

　　④美濃の斎藤氏　　⑤土佐の長宗我部氏

5 次の問いに答えよ。 〔神戸女子大〕

次の引用史料は，越前の戦国大名（ ア ）氏の分国法「（ ア ） 孝景条々」の一部である。

「（ ア ）が館の外，国内に城郭を構えさせまじく候。惣別分限あらん者，（ イ ）へ引越，郷村には代官ばかり置かるべき事」

※「分限あらん者」＝所領がある家臣

☐ **問1** 空欄（ ア ）にあてはまる語句を，次の①～④から一つ選べ。

①富樫　　②朝倉　　③上杉　　④浅井

☐ **問2** 空欄（ イ ）にあてはまる語句を，次の①～④から一つ選べ。

①春日山　　②小田原　　③一乗谷　　④石山

☐ **問3** 引用史料から言えることを，次の①～④から一つ選べ。

① 家臣らに城下への集住を命じている。

② 家臣らに指出方式による検地を命じている。

③ 家臣らに刈田狼籍の取り締まりを命じている。

④ 家臣らに喧嘩両成敗法の適用による私闘の禁止を命じている。

3章 ▶ 近世

解答・解説：別冊 p.22

11 織豊政権

1 次の問題に答えなさい。解答は対応する語群からそれぞれ1つ選びなさい。

(大阪学院大)

(ア)織田信長は1567年に岐阜城に移り，天下を武力で統一する意志を明らかにした。1573年，（　a　）を京都から追放して室町幕府を滅ぼした。1575年，長篠合戦において（　b　）に大勝し，翌年(イ)安土城を築いた。信長の主要な敵対勢力の一つは(ウ)一向宗勢力であったが，これも屈伏させた。

□ **問1** 下線部（ア）に関し，織田信長について述べた次の文のうち不適当なものはどれですか。

  (1) 自治的都市として繁栄を誇った堺を武力で屈服させて直轄領とした。

  (2) 京都に聚楽第を新築し，天皇を招いた。

  (3) 安土の城下町に楽市令を出して，商工業者に自由な営業活動を認めた。

  (4) 比叡山延暦寺の焼き打ちをおこなった。

□ **問2** 空欄（　a　）・（　b　）に該当する組み合わせとしてもっとも適当なものはどれですか。

  (1)a. 足利義政　b. 今川義元　　(2)a. 足利義政　b. 武田勝頼

  (3)a. 足利義昭　b. 今川義元　　(4)a. 足利義昭　b. 武田勝頼

□ **問3** 下線部（イ）に関し，安土・桃山時代の城について述べた次の文のうち不適当なものはどれですか。

  (1) 石垣で築かれ，天守閣を持つようになった。

  (2) 大坂城や伏見城では，城内には書院造の居館がつくられた。

  (3) 内部のふすま・壁などには，濃絵の障壁画が描かれた。

  (4) 一国一城令が出され，大名の居城以外の城が破壊された。

□ **問4** 下線部（ウ）に関し，一向宗勢力について述べた次の文のうち不適当なものはどれですか。

  (1) 一向宗の開祖は法然で，絶対他力を強調した。

  (2) 加賀では15世紀終わりから1世紀にわたり門徒らが自治的に支配した。

  (3) 伊勢長島地方の一向一揆は信長により鎮定された。

  (4) 信長は，石山本願寺を長年にわたる戦いののちに屈伏させた。

2 次の文章を読んで，空欄（1〜9）に該当する用語を〔語群〕から1つずつ選びなさい。

(愛知学院大)

　最初のヨーロッパ人来日は，1543年，中国人倭寇王直の船に乗って（　1　）に漂着したポルトガル人だった。王直は中国寧波沖の舟山列島と肥前の平戸に根拠地をもち，日本と中国を頻繁に往来した密貿易商人だった。この時，島主の（　1　）時堯は彼らから鉄砲を買い，その製造方法などを家臣に学ばせた。ポルトガル人はインドの（　2　）や中国の（　3　）に拠点を築き，やがて毎年のように来日し，さらにスペイン人も加わっていった。彼ら南蛮人は中国の生糸や鉄砲・火薬をもたらし，日本からは石見銀山などで生産された銀が輸出された。

　キリスト教は1549年にイエズス会宣教師（　4　）が来日して以降ひろがっていった。宣教師らの活動は南蛮貿易と一体化していて，周防の大内義隆や豊後の（　5　）らの領国に南蛮船を入港させて貿易の利益をもたらし，その守護所の山口や府内などでの布教に成功した。（　4　）来日後の宣教師では（　6　）が織田信長・豊臣秀吉と親しい関係を築き，布教活動をより拡大させ，その様子を『日本史』にまとめた。布教が進められた地には，教会堂，宣教師を養成するコレジオ，神学校のセミナリオが建設された。また，布教用の書物には活版印刷が導入され，（　7　）などのキリシタン版が印刷された。貿易の拡大をのぞむ大名には洗礼を受ける者もあらわれた。彼らはキリシタン大名とよばれ，そのうち，（　5　）・有馬晴信・（　8　）の3大名は宣教師（　9　）のすすめにより，1582年にローマ教皇のもとに少年使節を派遣した。

〔語群〕
ア．大友義鎮　　イ．大村純忠　　ウ．高山右近　　エ．種子島
オ．屋久島　　カ．ゴア　　キ．香港　　ク．マカオ　　ケ．マラッカ
コ．ヴァリニャーニ　　サ．シドッチ　　シ．フランシスコ＝ザビエル
ス．ルイス＝フロイス　　セ．雨月物語　　ソ．平家物語

12 江戸時代前期1

1 次の (a)・(b) の文章を読み，下の問いに答えよ。 　　　　(広島経済大)

(a) 　徳川家康は，豊臣政権下の1590年，北条氏滅亡後の関東に移された。五大老の筆頭の地位にあった家康は，秀吉の死後，五奉行の一人の石田三成と対立したが，1600年，（ ア ）で三成らの軍勢をやぶり，全国に対する支配権を確立した。1603年，家康は朝廷から征夷大将軍に任ぜられ，江戸に幕府を開いた。家康は，政権の世襲を示すため，わずか2年後には将軍の地位を子の（ イ ）に譲ったが，大御所として政治上の実権をにぎった。

□ **問1** 空欄（ ア ）に入る語句として正しいものを，次の1〜4のうちから一つ選べ。

1. 桶狭間の戦い 　2. 長篠の戦い 　3. 賤ヶ岳の戦い 　4. 関ヶ原の戦い

□ **問2** 空欄（ イ ）に入る人物として正しいものを，次の1〜4から一つ選べ。

1. 秀忠 　　2. 家宣 　　3. 家定 　　4. 慶喜

(b) 　3代将軍徳川家光は，1635年，武家諸法度を改定し，（ ウ ）の制度を加えた。これにより，大名は妻子を江戸におき，1年ごとに領地と江戸のあいだを往復することになった。江戸幕府は，貿易の利益のため，当初はキリスト教宣教師の渡来と布教を黙認していた。しかし，信者の増大に不安を感じ，1612年，直轄領に禁教令を出し，1622年にはキリシタン55名を長崎で処刑した。将軍家光時代の幕府は禁教と貿易統制のいっそうの強化をはかり，さらに，1637年から翌年にかけておこった（ エ ）に衝撃を受け，1639年，ポルトガル船の来航を禁止した。1641年には，平戸にあったオランダ商館を長崎の出島に移し，幕府は外国との貿易を完全な統制下におくことになり，いわゆる[A]鎖国の状態となった。

□ **問3** 空欄（ ウ ）・（ エ ）に入る語句の組合せとして正しいものを，次の1〜4から一つ選べ。

1. ウ．参勤交代　エ．島原の乱
2. ウ．参勤交代　エ．サン＝フェリペ号事件
3. ウ．殉死　　　エ．島原の乱
4. ウ．殉死　　　エ．サン＝フェリペ号事件

48

□ **問4** 下線部［A］に関連して，江戸時代前期（17世紀）におこなわれた，いわゆる鎖国に関連した政策として誤っているものを，次の1〜4のうちから一つ選び，その番号を記入せよ。

    1. バテレン追放令を出した。

    2. ヨーロッパの船の寄港を平戸，長崎に制限した。

    3. 奉書船以外の日本船の海外渡航を禁止した。

    4. スペイン船の来航を禁止した。

2 次の文章を読んで，空欄（1〜6）に該当する用語を〔語群〕から1つずつ選びなさい。

        （愛知学院大）

    1600年の関ヶ原合戦に勝利した徳川家康は，朝廷を統制し西国大名を監視するために（　1　）を設置した。また，公家のなかから2人を（　2　）に選び朝廷に幕府の指示を伝える役目をおわせた。1611年，（　3　）を擁立した際には譲位や即位まで幕府の意向に従わせ，1615年には南禅寺金地院の（　4　）に起草させた禁中並公家諸法度を制定して朝廷を統制する基準を示した。家康没後の1620年，秀忠は娘和子を（　3　）に入内させ，それを機に朝廷がもっていた官位補任や改元・改暦なども幕府の承認を必要とするように改めた。そして，1627年，（　3　）が幕府へ届けることなく紫衣着用を勅許したことを幕府が問題にし，これに抗議した大徳寺の（　5　）らが処罰されたいわゆる紫衣事件が発生すると，（　3　）は幕府の同意を求めずに突然譲位した。これに対し，幕府は次の天皇が秀忠の孫（　6　）だったためにこれを認め，摂家と（　2　）に朝廷統制を厳命した。

    〔語群〕

    ア．正親町天皇　　イ．後水尾天皇　　ウ．後陽成天皇

    エ．明正天皇　　オ．崇伝　　カ．沢庵　　キ．林羅山

    ク．京都所司代　　ケ．京都守護職　　コ．武家伝奏

3 次の文を読んでそれぞれの質問に答えなさい。　　　（大阪学院大）

　鎖国下において，日本は完全に国を閉ざしていたわけではない。おもにオランダ・中国との窓口となった(ア)長崎，朝鮮との窓口となった（　a　），(イ)琉球との窓口となった鹿児島，さらにアイヌとの窓口となった（　b　）を通してそれぞれと交易していた。

□ **問1**　下線部（ア）の長崎について述べた次の文の中から，不適切なものを1つ選びなさい。

　　(1)　長崎出島にオランダ人を隔離した。

　　(2)　17世紀末に，長崎に雑居していた中国人を唐人屋敷にうつした。

　　(3)　長崎に出島が築かれたのは，1603年のことであった。

　　(4)　長崎はその重要性からして，幕府の直轄領とされていた。

□ **問2**　下線部（イ）に関して述べた次の文の中から，不適切なものを1つ選びなさい。

　　(1)　琉球は1609年以降，島津氏に支配されていた。

　　(2)　琉球は独立国をよそおって中国と朝貢貿易を展開していた。

　　(3)　鹿児島は琉球を通して中国と密貿易をおこなっていた。

　　(4)　琉球は徳川将軍の代替わりごとに江戸に謝恩使を派遣した。

□ **問3**　空欄（　a　）・（　b　）に入る地名の組み合わせとして正しいものを次の中から1つ選びなさい。

　　(1)a能登　b根室　　　(2)a能登　b松前　　　(3)a対馬　b根室

　　(4)a対馬　b松前

---

4 江戸時代の産業に関する以下の文章を読み，各問に答えよ。　（神戸学院大）

　幕藩体制の経済的基盤は，農業にあった。幕藩体制下の農村には，郡代や代官が置かれ，領内の農政にあたった。そして，幕府，藩の領主は農民を統制するために(a)村方三役を置いて村政にあたらせた。(b)農民が納める年貢には，基本となる本途物成，小物成，高掛物などがあった。幕府は，徴税の基盤となる本百姓を維持し，没落を防止するために1643年に（　ア　）を発令し，さらに1673年には，分割相続による田畑の細分化を防ぐため（　イ　）を出した。漁業では，鰯や鰊は干鰯や〆粕に加工され，綿作に欠かせない肥料として上方

に出荷された。紀伊，土佐，肥前，長門などでは，網や銛（もり）を駆使した捕鯨がみられた。製塩業では，瀬戸内海地方を中心に潮の干満を利用した（　ウ　）式の塩田が普及した。鉱業では，金・銀の産出量が増加し，その後銅の生産も増加し，各地で鉱山町が生まれた。

□**問1**　下線部（a）に属する語句の組み合わせとして最も適切なものを，次のA〜Dのうちから1つ選べ。

A. 名主（庄屋）―組頭―百姓代　　B. 与力―百姓代―組頭

C. 百姓代―与力―小姓　　D. 村年寄―名主（庄屋）―組頭

□**問2**　下線部（b）の記述に関して，農民の負担として適切でないものを，次のA〜Dのうちから1つ選べ。

A. 年貢納入と犯罪防止の連帯責任を負わせるため五人組が作られた。

B. 年貢は村請制にもとづいて，村の責任で納められた。

C. 街道近辺の村の農民には宿駅に人馬を出す伝馬役が課された。

D. 道路や用水路の工事のための夫役を負担する結が一国単位で課された。

□**問3**　（　ア　）・（　イ　）に入る語句の組み合わせとして最も適切なものを，次のA〜Dのうちから1つ選べ。

A. （　ア　）―田畑永代売買の禁止令（禁令）

（　イ　）―分地制限令

B. （　ア　）―帰農令　（　イ　）―分地制限令

C. （　ア　）―公事方御定書　（　イ　）―慶安の触書

D. （　ア　）―分地制限令　（　イ　）―公事方御定書

□**問4**　（　ウ　）に入る語句として最も適切なものを，次のA〜Eのうちから1つ選べ。

A. 藻塩焼　　B. 入浜　　C. 揚浜　　D. 流下　　E. 直煮

12　｜　江戸時代前期1

13 江戸時代前期2

解答・解説：別冊 p.26

1 次の (a)・(b) の文章を読み，下の問いに答えよ。 （広島経済大）

(a) 1651年，3代将軍徳川家光がなくなり，11歳の徳川家綱が4代将軍になっ
たため，松平信綱ら家光時代の老中が中心になって幕政を運営した。この
年に軍学者（　ア　）が，政治を批判して乱をくわだてたが，未然にしずめ
られた。この乱の背景には，大名の改易や減封によって発生した牢人たち
の不満もあったため，幕府は牢人問題に配慮する必要性を痛感した。そこで，
死ぬまぎわに願い出た相続人を認めない（　イ　）の禁止をゆるめ，大名の
改易を減らそうとする一方，社会秩序を乱す要因となっていた「かぶき者」
の取り締まりを強化して，殺伐とした世相をあらためようとした。

☐ **問1** 空欄（　ア　）に入る人物として正しいものを，次の1〜4のうちから一
つ選べ。

1. 緒方洪庵　　2. 村田清風　　3. 由井（比）正雪　　4. 高野長英

☐ **問2** 空欄（　イ　）に入る語句として正しいものを，次の1〜4のうちから一
つ選べ。

1. 末期養子　　2. 分割相続　　3. 宗門改め　　4. 閑院宮家

(b) 1680年，4代将軍徳川家綱のあとをついで5代将軍となった徳川綱吉は，
代官の不正を処罰するなど幕政をひきしめた。後期には，側用人の（　ウ　）
を重く用いて将軍権力を強めた。綱吉は学問を好み，湯島に建てた聖堂（孔
子廟）を林信篤（鳳岡）に管理させ，江戸城に大名を集めて自ら儒学の講
義をおこなった。幕府の成立期には豊かであった財政は，金銀産出量の減
少や，明暦の大火後の江戸の復興費，綱吉による寺院の造営や改築などの
ため，次第に窮迫しはじめた。勘定吟味役（のち勘定奉行）の（　エ　）は，
慶長金銀を改鋳して品質の悪い元禄金銀を発行し，幕府の歳入をふやした。
しかし，この政策は物価の上昇をまねき，武士や庶民の生活は困窮した。

☐ **問3** 空欄（　ウ　）に入る人物として正しいものを，次の1〜4のうちから一
つ選べ。

1. 新井白石　　2. 柳沢吉保　　3. 荻生徂徠　　4. 井伊直弼

□ **問4** 空欄（　エ　）に入る人物として正しいものを，次の1〜4のうちから一つ選べ。

    1.　荻原重秀　　2.　間部詮房　　3.　松平定信　　4.　間宮林蔵

2　**次のA，Bの文章を読み，設問に答えよ。**　　　　　　　　　（松山大）

A．江戸時代の大坂は，全国経済の中心地として「天下の台所」と呼ばれた。蔵物とよばれる諸藩の年貢物や産物は，大坂におかれた（　ア　）に回送され，蔵元・掛屋などの町人がこれらの物資の管理や売却にあたった。また，納屋物などの物資も次第に増加し，（　イ　）の米市など専門の卸売市場が形成された。

  年貢や特産物の輸送には船が利用された。幕府は，（　ウ　）に命じて西廻り航路を整備させ，これによって日本海側の物資が大量に大坂に運び込まれるようになった。また，大坂から江戸に向けては，菱垣廻船や樽廻船が就航し，日常生活用品や酒などの輸送にあたった。

□ **問1**　文章中の空所（　ア　）〜（　ウ　）に入れる語句として正しいものを，それぞれの選択肢の中から1つ選べ。

    空所（　ア　）の選択肢

      ①札差　　②両替商　　③金座　　④蔵入地　　⑤蔵屋敷

    空所（　イ　）の選択肢

      ①灘　　②天満　　③神田　　④堂島　　⑤品川

    空所（　ウ　）の選択肢

      ①角倉了以　　②淀屋辰五郎　　③河村瑞賢　　④三井高利

      ⑤紀伊国屋文左衛門

3章

近世

13 ｜ 江戸時代前期2

B．江戸時代には，いわゆる三都のほかにもさまざまな種類の都市が発達した。その代表的なものは，大名の居城を中心にして成立した城下町で，ここでは身分ごとに居住地域が区分されていた。また，五街道など陸上交通路が整備されると，宿駅を中心にして宿場町が発達した。宿駅には（　ア　）がおかれ，宿役人が伝馬役の差配や公用荷物の継送りにあたった。また，宿駅には，参勤交代の大名などが使用する（　イ　）などの施設もあった。

　江戸時代の後期になって社寺参詣が盛んになると，中世以来の門前町もいっそうのにぎわいを見せるようになった。たとえば，（　ウ　）の門前町である宇治・山田は，御蔭参りが流行したときには，参詣者であふれた。

□ **問2**　文章中の空所（　ア　）～（　ウ　）に入れる語句として正しいものを，それぞれの選択肢の中から1つ選べ。

　　空所（　ア　）の選択肢

　　①関所　　②道中奉行　　③助郷　　④越荷方　　⑤問屋場

　　空所（　イ　）の選択肢

　　①本陣　　②旅籠　　③掛屋　　④人足寄場　　⑤評定所

　　空所（　ウ　）の選択肢

　　①善光寺　　②法隆寺　　③伊勢神宮　　④金毘羅宮

　　⑤石清水八幡宮

3　**下の設問に答えよ。**　　　　　　　　　　　　　　（広島修道大／改）

□ **問1**　談林派俳諧師出身の作家で浮世草子を創始した『日本永代蔵』の作者の名前，および，談林俳諧の自由の精神を受けつぎながら，発句を独立した文学作品として鑑賞にたえうるものに高めた俳人で『野ざらし紀行』などの俳諧紀行文を残した人物の名前を，それぞれ答えよ。また，下の選択肢の中から，元禄文学を代表する作家・近松門左衛門の作品でないものを1つ選べ。

　〔選択肢〕　(1)曽根崎心中　　(2)出世景清　　(3)国姓爺合戦

　(4)世間胸算用　　(5)心中天網島　　(6)冥途の飛脚

□ **問2**　豊艶な色彩と新鮮な構図によって装飾味豊かな作品（燕子花図屏風など），さらには蒔絵においてもすぐれた意匠の作品を残した人物の名前，また，浮世絵の創始者とされる「見返り美人図」の作者の名前を，それぞれ答えよ。

□ **問3**　江戸幕府創立の数年後には徳川家康に用いられて幕府の文教政策にたずさわり，その子孫が代々幕府の文教をつかさどることになっていく人物の名前，および，近世朱子学の祖とも目されその師でもある人物の名前を，それぞれ答えよ。

□ **問4**　『大学或問』で幕政を強く批判した陽明学者の名前，および京都堀川に古義堂を開き古学派に分類しうる人物の名前を，下の選択肢の中からそれぞれ１つ選べ。

〔選択肢〕（1）木下順庵　　（2）山崎闇斎　　（3）熊沢蕃山　　（4）松永貞徳

（5）伊藤仁斎　　（6）野中兼山　　（7）谷時中　　（8）室鳩巣

□ **問5**　儒学的合理主義の立場から，『読史余論』で朝廷や武家政治の歴史的推移を段階的に時代区分し，幕政にも関わった人物名を答えよ。

□ **問6**　貝原益軒と宮崎安貞の著作として適切なものを，下の選択肢の中からそれぞれ１つ選べ。

〔選択肢〕（1）農具便利論　　（2）大和本草　　（3）自然真営道

（4）経世秘策　　（5）農業全書　　（6）庶物類纂

□ **問7**　渋川春海（安井算哲）が，平安時代より使われてきた宣明暦の誤差の問題を解決すべく，独自の観測に基づいて修正を加えて暦をつくった。この暦は幕府に採用され，彼自身は幕府天文方に任じられた。この暦の名称を答えよ。

□ **問8**　「万葉集」を研究することで，歌学の革新を主張した戸田茂睡の正しさを証明し，『万葉代匠記』を著して和歌を道徳的に解釈しようとする従来の説を批判した人物の名前を答えよ。

13 ｜ 江戸時代前期2

14 江戸時代後期1

1 次の文章を読み，下の問いに答えよ。 (広島経済大)

　江戸時代中期になると，各地で特産品など商品生産が発達するとともに，貨幣経済が広く浸透していった。また，たびかさなる通貨の混乱や物価騰貴などが幕府や諸藩の財政を大きく悪化させ，幕藩体制は再建の必要に迫られていった。

　18世紀の前半，1716年に幼少の7代将軍が死去し，8代将軍に迎えられた（　ア　）藩主徳川吉宗は，自らが先頭にたって幕政改革に着手した。彼は，年貢収納の基本となる新田開発を奨励し，年貢増徴策として一定期間は同じ年貢率を続ける（　イ　）を採用した。また人材登用と経費節減を進めるとともに，大名から一定の基準で米を納入させる代わりに，（　ウ　）の負担をゆるめた。

　つづいて18世紀後半には，老中田沼意次を中心とする改革が進められた。彼は株仲間の公認や（　エ　）の鋳造，新田開発などによって，商業・流通の変化に対応する政策を実施しようとした。また，仙台藩医工藤平助の意見をとり入れ，出羽出身の（　オ　）らを蝦夷地に派遣して，その開発やロシア人との交易の可能性を探るなどした。しかし，賄賂の横行や士風の退廃などの批判が強まり，冷害や洪水，浅間山の噴火などを契機とする飢饉も重なって百姓一揆や打ちこわしが頻発するなかで，1784年，意次の子で若年寄の田沼意知の刺殺事件がおこった。そして，1786年，将軍徳川家治が死去すると，意次は老中を罷免されることとなった。

☐ **問1**　空欄（　ア　）に入る語句として正しいものを，次の1〜4のうちから一つ選べ。

　　1. 尾張　　2. 紀伊　　3. 水戸　　4. 白河

☐ **問2**　空欄（　イ　）に入る語句として正しいものを，次の1〜4のうちから一つ選べ。

　　1. 検見法　　2. 三世一身の法　　3. 均田法　　4. 定免法

☐ **問3**　空欄（　ウ　）に入る語句として正しいものを，次の1〜4のうちから一つ選べ。

　　1. 参勤交代　　2. 軍役　　3. 末期養子　　4. 一国一城令

□ **問4** 空欄（ エ ）に入る語句として正しいものを，次の1～4のうちから一つ選べ。

    1. 元禄金銀   2. 正徳金銀   3. 南鐐弐朱銀   4. 文政金銀

□ **問5** 空欄（ オ ）に入る人物として正しいものを，次の1～4のうちから一つ選べ。

    1. 最上徳内   2. 近藤重蔵   3. 伊能忠敬   4. 高橋景保

2 次の文章を読み，後の問に答えなさい。　　　　　　　　　　（聖心女子大）

　江戸時代の百姓一揆は現在，明治初期のものを含めて，約3700件ほどが確認されている。百姓一揆とは，幕府や藩の支配が原因で百姓の暮らしや(a)生産活動が大きくそこなわれた時に，村を単位に領主に対して要求を掲げておこした直接行動である。百姓一揆には，おもに次のような種類がある。

A. （ ア ）…(b)村の代表者が農民の代表として要求をまとめ，領主に訴える一揆。

B. （ イ ）…村の農民が総動員された一揆のこと。江戸時代の村には(c)村役人と諸階層に分かれた農民がいたが，この一揆ではこれらがすべて出動した。村役人が指導者となり近隣の村々と共闘する場合も多い。

C. 逃散…中世的な一揆のかたちではあるが，江戸時代でも散見された。農民が集団で定められた居住地を放棄すること。(d)さまざまな負担が義務づけられていた農民がとった抵抗方法の一つであった。

D. （ ウ ）…江戸などの都市部において，飢饉の際に米価急騰の原因を作った有力な米問屋などに対して行った実力行使。とくに，1783（天明3）年の（ エ ）の大噴火を経て数年に及ぶ大飢饉となった天明の飢饉の際に，激しい（ ウ ）が発生した。

□ **問1** 本文中の空欄（ ア ）～（ エ ）に当てはまる語句を入れなさい。

□ **問2** 下線部（a）に関連して，江戸時代に入ると農業以外の諸産業も著しく発達した。全国の特産物のうち，その品物と産地の組合せが間違っているものはどれか。

    (1)磁器＝肥前有田   (2)銘酒＝灘   (3)醤油＝銚子   (4)鰹＝信州

14 ｜ 江戸時代後期1　　57

□ **問3** 下線部（b）に関連して，下総の佐倉惣五郎や上野の礫茂左衛門のように伝説化した一揆の代表者のことを何というか，答えなさい。

□ **問4** 下線部（c）に関連して，村方三役とよばれる村役人に含まれないのは下記のうちのどれか。

    (1)名主　　(2)月行事　　(3)百姓代　　(4)組頭

□ **問5** 下線部（d）に関連して，本百姓の負担としては田畑・家屋敷の高請地を基準にかけられる年貢（本途物成）が中心であったが，石高の約何％を領主におさめることが標準とされていたか。

    (1)10〜20%　　(2)30〜50%　　(3)60〜80%　　(4)90%

---

3 次の(1)(2)の文章は，江戸時代の文化・学術を今に伝える史料の口語訳である。これらを読み，それぞれ下の問いに答えよ。　　　　　　　(大妻女子大)

(1)　昔は百姓より（　A　）のほうが身分が低かったのだが，いつの頃からか天下に貨幣が流通するようになると，金銀財宝はみな（　A　）に集まるようになり，……いつの間にか百姓より上の身分になったようだ。ましてやこの百年間は天下がよく治まっているので，儒者，医者，歌人，茶人そして歌舞，音曲，演劇等に通じた者たちが（　A　）の中から多く出るようになった。

□ **問1** 上の文章は西川如見が著した教訓書からの引用である。空欄（　A　）にあてはまる語はどれか。以下のア，イ，ウ，エから1つ選べ。

    ア．武士　　イ．農民　　ウ．大名　　エ．町人

□ **問2** 下線部に関連して，当時の商人蔑視に対して，儒学の考え方を基礎にしつつ，商業活動の正当性を広く人びとに説いた人物は誰か。以下のア，イ，ウ，エから1つ選べ。

    ア．安藤昌益　　イ．石田梅岩　　ウ．三浦梅園　　エ．佐久間象山

(2)　そもそも道は学問をして知るものではない。生まれながらの真心こそ道なのである。真心とはよくもあしくも，生まれついたるままの心をいう。そうであるのにのちの世の人は，すべて儒教や仏教に影響された漢意にのみうつり，真心を失いはててしまったので，今は学問をしなければ道を知ることができなくなってしまったのである。

□ **問3**　上の文章は本居宣長の随想集『玉勝間』からの引用である。上の文章の内容を主張する学問を何というか。以下のア，イ，ウ，エから1つ選べ。

　　ア．蘭学　　イ．国学　　ウ．心学　　エ．京学

□ **問4**　問3の学問は日本の古典研究を活発にした。その中で塙保己一は江戸期までの古典を収集，分類し，叢書を編纂したが，その叢書名は何か。以下のア，イ，ウ，エから1つ選べ。

　　ア．大日本史　　イ．国意考　　ウ．群書類従　　エ．日本永代蔵

15 江戸時代後期2

1 次の文章を読み，文中の空欄（1〜9）に最も適した語句を，次ページの〔語群〕の中から1つずつ選びなさい。

(愛知学院大)

　11代将軍徳川（　1　）の補佐として老中に就任した松平定信は，祖父（　2　）の政治を理想として幕政の改革にあたった。疲弊した農村を復興するために，公金の貸し付けをおこなって荒れた耕地を復旧し，天明期の飢饉などで人口減少の著しい陸奥や北関東などでは，百姓の他国への出稼ぎを制限した。また飢饉に備え，各地に社倉・義倉を作らせて米穀を蓄えさせる（　3　）を実施した。

　やはり天明期に激しい打ちこわしに見舞われた江戸を中心とする都市政策も，彼の改革の柱となっている。勘定所御用達として両替商を中心とする豪商を登用し，その力を利用して物価や米価の調節をはかった。また正業を持たず流入していた人々に資金をあたえて農村に帰ることを奨励する（　4　）を出す一方，石川島に（　5　）を設け，無宿人を強制的に収容して技術を身に付けさせ職業を持たせようとした。また，江戸では町費節約を命じ，節約分を積み立てさせて飢饉対策用とした（　6　）の制度をはじめた。大名・旗本らにも倹約を求め，困窮する旗本・御家人の救済のために（　7　）を出して札差に貸金を放棄させた。

　思想面では朱子学を正学とし，（　8　）の学問所で朱子学以外の講義や研究を禁じた。民間に対しても，政治への風刺や批判をおさえるために厳しい出版統制令を出し，黄表紙や洒落本なども風俗を乱すものとして禁止し，その作者や出版元も弾圧した。

　幕政を引き締め，幕府の権威を高めるために積極的に進められた改革であったが，その厳しい統制や倹約令は，「白河の清きに魚のすみかねて，もとの濁りの田沼こひしき」のように，前代の田沼政治をなつかしむ歌が作られるほど，民衆の反発を招いた。

　松平定信が老中在職6年余りで辞任した後，将軍（　1　）は文化・文政時代を中心に在職し，さらに将軍職を徳川家慶に譲った後も（　9　）として実権を握り，その治世は将軍就任時から約50年に及んだ。

〔語群〕

ア．上げ米　　イ．家綱　　ウ．家斉　　エ．江戸町会所

オ．大御所　　カ．囲米　　キ．旧里帰農令　　ク．棄捐令

ケ．小石川養生所　　コ．古義堂　　サ．七分積金　　シ．上知令

ス．政事総裁職　　セ．綱吉　　ソ．人足寄場　　タ．分地制限令

チ．湯島聖堂　　ツ．吉宗

2 **次の文章を読み，下の問い（問1〜5）に答えなさい。** （国士舘大）

　19世紀になると幕府の財政難は一層深刻化し，農村や都市では百姓一揆や打ちこわしが続発し，ロシア船・イギリス船・アメリカ船が日本近海に出没するような情勢となった。こうした内憂外患に対応するため，幕府は将軍徳川家慶のもとで，老中（　a　）を中心として (b)天保の改革をおこなった。しかし，改革は失敗に終わり，幕府権力の衰退が明らかとなった。

　一方，諸藩においても同時期には財政再建と藩権力の強化をめざし，有能な中・下級武士を登用した (c)藩政改革がおこなわれた。社会の変化に即応して改革に成功した藩は，以後の幕末における中央政局のなかで雄藩として登場することになる。

□ **問1**　空欄（　a　）に入る語句として，正しいものを，次の①〜④のうちから一つ選びなさい。

　　①田沼意次　　②松平定信　　③阿部正弘　　④水野忠邦

□ **問2**　下線部 (b) についての文として，誤っているものを，次の①〜④のうちから一つ選びなさい。

　　①　朱子学を正学とし，湯島聖堂の学問所で朱子学以外の講義や研究を禁じた。

　　②　農村から江戸に流入した貧民に対し，帰郷を強制する人返しの法を出した。

　　③　物価上昇を抑えるため，商品流通を独占している株仲間の解散を命じた。

　　④　江戸・大坂周辺のあわせて約50万石の土地を直轄地とするため，上知令を出した。

15 ｜ 江戸時代後期2　　61

□ **問3** 下線部（c）についての文として，正しいものを，次の①～④のうちから一つ選びなさい。

① 薩摩藩では藩士村田清風が中心となって，黒砂糖の専売制を強化するとともに琉球貿易の拡大をはかった。

② 長州藩では藩士調所広郷が中心となって，紙や蠟の専売制を改革するとともに下関などに越荷方を設置した。

③ 土佐藩では藩主伊達宗城が中心となって，緊縮財政をすすめるとともに大砲製造所を設けた。

④ 肥前藩では藩主鍋島直正が中心となって，陶磁器の専売制を強化するとともに均田制を実施した。

□ **問4** この文章の時期の思想家とその著書の組み合わせとして，誤っているものを，次の①～④のうちから一つ選びなさい。

①海保青陵＝『稽古談』　　②本多利明＝『夢の代』

③佐藤信淵＝『経済要録』　　④会沢安＝『新論』

□ **問5** この文章の時期に設立された私塾と，その設立者および設立地の組み合わせとして，正しいものを，次の①～④のうちから一つ選びなさい。

①咸宜園＝広瀬淡窓＝大坂　　②適塾＝緒方洪庵＝江戸

③鳴滝塾＝シーボルト＝長崎　　④松下村塾＝吉田松陰＝豊後日田

---

3 **18世紀後半以降の江戸時代の文化について，次の問いに答えよ。**

（名古屋学院大）

□ **問1** 寛政期頃の出版や出版物に関する以下の文章として誤っているものを，次のうちから一つ選べ。

① 民間に対しては厳しい出版統制令が出され，政治への風刺や批判が抑えられた。

② 黄表紙や洒落本は出版を禁じられたり，出版元が処罰されたりした。

③ 蔦谷重三郎は本屋耕書堂を経営し，洒落本や写楽の絵を刊行した。

④ 山東京伝は『海国兵談』でロシアの南下を警告し，処罰された。

□ **問2** この時代の俳人としてもっとも適当なものを，次のうちから一つ選べ。

①小林一茶　　②松尾芭蕉　　③松永貞徳　　④西山宗因

62

□ **問3** 『東海道四谷怪談』の作者としてもっとも適当なものを，次のうちから一つ選べ。

　　①十返舎一九　　②曲亭馬琴　　③鶴屋南北　　④竹田出雲

□ **問4** 以下のa～cの洋学者とその著作物の組み合わせとして正しいものがいくつあるか，もっとも適当なものを，次のうちから一つ選べ。

　　a．稲村三伯―『ハルマ和解』

　　b．大槻玄沢―『蘭学事始』

　　c．工藤平助―『赤蝦夷風説考』

　　①1つ　　②2つ　　③3つ　　④0

□ **問5** この時代の庶民の文化に関する以下の文章として誤っているものを，次のうちから一つ選べ。

　　①　多数の民衆が爆発的に伊勢神宮へ参詣する御蔭参りも，1830年の場合は約500万人に達したといわれる。

　　②　寺社は修繕費や経営費を得るため，縁日や開帳・富突などをもよおした。

　　③　芝居小屋や見世物小屋，講談・落語・曲芸などを演じる寄席があった。

　　④　和事で好評を得た初代市川団十郎や，荒事を得意とする坂田藤十郎らの名優が出た。

15 ｜ 江戸時代後期2

4章 ▶ 近代

解答・解説：別冊 p.32

16 幕末

1 次の文章を読み，下の問いに答えよ。 （東北学院大／改）

　1853年のペリー来航にはじまる列強の開国要求は，改革に失敗し危機感を深めていた幕府に強い衝撃をもたらした。当時老中主座を務めていた（　A　）は，慣例を破って朝廷にペリー来航を報告し，諸大名や幕臣に対しても意見を求め，国をあげて難局にあたろうとした。こうした幕府の対応は，朝廷の権威を高め，諸大名に幕政への発言の機会を与えることとなり，政局転換の契機となった。（　A　）は強硬な尊王論者として影響力の大きい水戸藩主（　B　）を幕政に参与させ，（　1　）藩主松平慶永，薩摩藩主（　C　），（　2　）藩主山内豊信ら開明的な諸大名との結びつきも深めた。だが（　3　）連合といわれるこの政治動向は，ほとんどその成果をみないまま，幕閣独裁を維持しようとする譜代大名の反発を招くことになり，（　A　）が病没すると以後，(a)条約勅許問題や，将軍継嗣問題とからみ，党派の対立をさらに深めることとなった。

　1858年大老に就任した（　D　）は，(b)同年勅許を得られないまま日米修好通商条約に調印し，さらに将軍（　4　）の跡継ぎに徳川慶福を決定した。(c)これを非難する（　B　）や松平慶永らを処分し，さらに朝廷や反対大名の家臣などにも弾圧を加える，いわゆる安政の大獄を断行した。この政治弾圧に対する反発は強く，（　D　）は1860年，水戸浪士らに江戸城の桜田門外で襲撃され，死亡した。以後幕府の権威は急速におとろえ，一方で(d)尊王攘夷運動が激化していく。

☐ **問1** 文中の（　1　）から（　4　）に入る最も適当な語句を下の語群から一つずつ選択し，記号で答えよ。

　　ア―土佐　　イ―加賀　　ウ―徳川家茂　　エ―長州　　オ―幕藩

　　カ―徳川家定　　キ―福井　　ク―雄藩　　ケ―佐賀　　コ―会津

☐ **問2** 文中の（　A　）から（　D　）に入る人名を答えよ。

☐ **問3** 下線部(a)に関して，対立した二つの党派はそれぞれ何と呼ばれているか，名称を答えよ。

64

□ **問4** 下線部（b）に関して，次の三つの問いに答えよ。

① この条約に基づいて在留外国人に治外法権の一つとして認められ，1899年の条約改正により撤廃された権利を何と呼ぶか。

② 条約に基づいて開港された地は神奈川・長崎・新潟・兵庫のほか，ペリー来航により開港された地も含まれる。それは神奈川開港後まもなく閉鎖された下田と，どこか。

③ 幕末から明治初年まで，日本の輸出品で一位を占めていたものは何か。

□ **問5** 下線部（c）に関して，刑死に処せられた長州藩士で高杉晋作ら尊攘倒幕派の人材を育てた人物は誰か。

□ **問6** 下線部（d）に関して，尊王攘夷運動と関係のない事件を下の語群から一つ選択し，記号で答えよ。

アー天狗党の乱　　イー八月十八日の政変　　ウー坂下門外の変

エー蛮社の獄　　オー禁門の変

17 明治時代1

1 次の文を読んで，それぞれの質問に答えなさい。　　　　（大阪学院大）

　(ア)戊辰戦争を遂行する一方で，(イ)明治新政府は，(ウ)国家体制の整備を進めた。この時，新政府に突きつけられた課題の一つは，なおも存続している(エ)藩をいかに処すかであった。

☐ **問1** 下線部（ア）の戊辰戦争に関して述べた次の文の中から，不適切なものを1つ選びなさい。
　　(1) 幕府軍と新政府軍は鳥羽・伏見で戦った。
　　(2) 勝海舟らの奔走により，江戸城は無血開城された。
　　(3) 東北諸藩は奥羽越列藩同盟を結成し，幕府軍や新政府軍と戦った。
　　(4) 五稜郭に立てこもった榎本武揚等の降伏により，戦争は終結した。

☐ **問2** 下線部（イ）に関して，新政府の要職に就いた人物として不適切な者を，次の中から一人選びなさい。
　　(1)岩倉具視　　(2)高杉晋作　　(3)江藤新平　　(4)大久保利通

☐ **問3** 下線部（ウ）の国家体制の整備に関して，次の項目の中から，新政府がもっとも早く設置したものを選びなさい。
　　(1)太政官　　(2)工部省　　(3)内務省　　(4)大審院

☐ **問4** 下線部（エ）に関して，新政府が藩をいかに処したかを述べた次の文の中から，不適切なものを1つ選びなさい。
　　(1) 1869年，薩長土肥4藩主に勧めて版籍奉還を上表させ，政府による地方支配を推進した。
　　(2) 版籍奉還においては，藩はそのまま存続し，藩主はそのまま知藩事とされた。
　　(3) 1871年，薩摩藩などの軍事力を背景として廃藩置県が断行された。
　　(4) 廃藩置県にともない，江戸は東京と改められ，都知事がおかれた。

2 近代の経済・社会に関する次の略年表を読み，以下の問いに答えよ。

（名古屋学院大）

年代	事項
1869	（　A　）間にはじめて電信線の架設
1871	(a)郵便制度の開始
1872	(b)新橋—横浜間に鉄道敷設　官営模範工場の（　B　）開設
	(c)学制の公布
1873	(d)第一国立銀行の設立
1877	(e)第1回内国勧業博覧会の開催

□ **問1**　（　A　）の区間として，もっとも適当なものを次のうちから一つ選べ。

①神戸—京都　　②東京—横浜　　③神戸—長崎　　④横浜—京都

□ **問2**　（　B　）は何か，もっとも適当なものを次のうちから一つ選べ。

①富岡製糸場　　②愛知紡績所　　③兵庫造船所　　④長崎造船所

□ **問3**　下線部（a）を立案・発足させたのはだれか，もっとも適当な人物を次のうちから一つ選べ。

①岩崎弥太郎　　②前島密　　③渋沢栄一　　④五代友厚

□ **問4**　下線部（b）に関して，中心を担った中央官庁はどれか，もっとも適当なものを次のうちから一つ選べ。

①内務省　　②大蔵省　　③文部省　　④工部省

□ **問5**　下線部（c）は，どの国の制度にならったものか，もっとも適当なものを次のうちから一つ選べ。

①アメリカ　　②フランス　　③イギリス　　④ドイツ

□ **問6**　下線部（d）の根拠となった国立銀行条例制定の中心者はだれか，もっとも適当な人物を次のうちから一つ選べ。

①岩崎弥太郎　　②前島密　　③渋沢栄一　　④五代友厚

□ **問7**　下線部（e）の地名として，もっとも適当なものを次のうちから一つ選べ。

①京都　　②神戸　　③名古屋　　④上野

17 ｜ 明治時代1

18 明治時代2

解答・解説：別冊 p.36

1 次の文章を読み，設問に答えよ。

（松山大）

　征韓論争に敗れた板垣退助，後藤象二郎，江藤新平らは1874年に愛国公党を設立して，民撰議院設立建白書を左院に提出し，有司専制打破，国会設立を求める運動を始めた。その後，(a)江藤は佐賀で反乱を起こし，鎮圧されたが，板垣らは土佐に帰り，立志社をおこし，1875年には立志社が中心となり，大阪で民権派の全国的政社である（　ア　）を設立した。それに対し，参議大久保利通は政局を打開するために，板垣，木戸孝允と大阪で会談し，次第に立憲政体に移行することを合意し，板垣，木戸が参議に復帰した。立志社は，(b)西南戦争の最中の1877年，（　イ　）を総代として国会開設を求める建白書を提出しようとしたが，政府に却下された。また，立志社の一部が反乱軍に加わろうとしたため，運動は一時下火になった。しかし，1878年，（　ア　）の再興大会が大阪で開かれ，再び運動が盛り上がり，1879年の第3回大会では士族民権家に加えて，地方の豪農民権家らも加わり，運動の裾野が拡大した。1880年の第4回大会では（　ウ　）が結成され，国会開設請願書を提出し，民権運動を盛り上げていった。

　1878年に大久保利通が暗殺されてから強力な指導者を欠いていた明治政府では，民権運動の高まりの中で内紛が生じた。1881年，参議の大隈重信は早期の国会開設とイギリス流の議院内閣制を求める意見書を提出した。しかし，それに反対の岩倉具視や伊藤博文らが激しく反発し，対立した。そのころ，たまたま，北海道の開拓使所属の官有物を，当時の開拓長官（　エ　）が同じ薩摩閥の五代友厚らに安く払い下げようとして問題となった開拓使官有物払下げ事件が発生し，民権派が激しく批判し，政府を攻撃する世論が高まった。そこで，1881年10月，岩倉，伊藤ら政府首脳は，官有物の払下げ中止，参議の大隈の罷免，10年後に国会開設を公約する勅諭を発布し，事態の収拾を図った。この一連の出来事は明治十四年の政変といわれている。これにより，伊藤博文を中心とする薩長藩閥の政権が確立した。

　国会開設を約束した政府は，1882年伊藤博文らをヨーロッパに派遣して，憲法調査にあたらせた。伊藤はベルリン大学の（　オ　）などの法学者から君

主権の強いプロイセン憲法を学び，翌年帰国し，憲法制定，国会開設の準備を行った。そして，1886年頃から伊藤は井上毅，伊東巳代治，金子堅太郎らとともに政府顧問（　カ　）の助言を得て，憲法草案の起草を始めた。憲法草案は，天皇臨席の下で，枢密院で審議が行われ，1889年2月11日に大日本帝国憲法が発布された。この憲法は，天皇が定めて国民に授ける欽定憲法であり，天皇にきわめて強い権限を与えた。

☐ **問1**　文章中の空所（　ア　）～（　カ　）に入れる語句または人名として正しいものを，それぞれの選択肢の中から1つ選べ。

（　ア　）①明六社　②大成会　③愛国社　④自由党　⑤改進党

（　イ　）①福地源一郎　②片岡健吉　③中村正直
　　　　　④中江兆民　⑤河野広中

（　ウ　）①国会期成同盟　②普通選挙期成同盟会　③憲政党
　　　　　④国民自由党　⑤国民協会

（　エ　）①西郷従道　②黒田清隆　③樺山資紀　④三島通庸
　　　　　⑤大山巌

（　オ　）①ボアソナード　②ヴィッテ　③クラーク
　　　　　④グナイスト　⑤ナウマン

（　カ　）①ジェーンズ　②ヘボン　③メッケル
　　　　　④ロエスレル　⑤シュタイン

☐ **問2**　下線部分（a）について，佐賀の乱の後，1876年には次々と士族反乱がおきたが，士族反乱としてあやまっているものを，次の中から1つ選べ。
　　　①生野の変　②神風連の乱　③秋月の乱　④萩の乱

☐ **問3**　下線部分（b）の西南戦争に関して述べた次の文章ア，イについて，正誤の組み合せとして正しいものを，下の選択肢の中から1つ選べ。

　　ア．西郷隆盛を擁して蜂起した最大の士族反乱で，九州各地の不平士族もこれに呼応したが，政府は徴兵制による軍隊などを大挙出動させ鎮圧した。

　　イ．西南戦争が終息すると士族の反乱はおさまり，それ以後は言論によって政府を攻撃する傾向が強まった。

　　　①ア・正　イ・正　　②ア・正　イ・誤
　　　③ア・誤　イ・正　　④ア・誤　イ・誤

18 ｜ 明治時代2　　69

2 明治期の近代的立憲国家の成立と条約改正についての次の文章を読み，下の問いに答えよ。 (大妻女子大)

　政権を掌握した明治政府は，諸外国に対して王政復古と天皇の外交主権掌握を告げ，国内に向けては公議世論の尊重と開国和親の基本方針を示した。江戸幕府が締結した諸条約をそのまま引き継いだ明治政府にとって，不平等条約を改正して西洋列強と対等な地位を確立することは，富国強兵を目指す上で重要な課題となった。そのため，明治政府は，法治国家としての政治遂行能力を西洋列強に対して示す一方で，権利意識に目覚めた国民の運動を取り込みうる政治体制を模索した。

　藩閥政治に対する士族の不平として始まった自由民権運動は，やがて豪農，富商も加わる国民的運動へと発展した。政府が憲法制定，国会開設を発表すると，①自由民権派は政党の結成に動き出すが，政府の懐柔と弾圧などの影響を受けて②運動は変質，激化する。運動の急進化と弾圧の繰り返しによって民権運動はしだいに衰退するが，国会開設が迫ると民権派の再建がはかられ，大同団結運動や③三大事件建白運動が起こった。これに対し，政府は急進化した運動を取り締まりつつ，④大日本帝国憲法を1889年に発布した。かくして，翌1890年には⑤初の総選挙が行われ，第1回帝国議会が開会された。

　不平等条約の改正は，岩倉具視，寺島宗則の交渉が失敗した後，井上馨外務卿が引き継いだ。井上は，交渉を有利に進めようと⑥欧化政策を展開し，領事裁判権の原則撤廃までこぎつけたが，⑦外国人判事の採用問題で政府内外から反対の声が上がり，交渉を断念した。後任の大隈重信，青木周蔵の交渉も挫折したが，1894年に陸奥宗光外相が，相互対等の最恵国待遇，領事裁判権の撤廃，関税率の引き下げを内容とする⑧日英通商航海条約の締結に成功したことで，他の欧米諸国とも条約改正が実現する。さらに，条約満期に伴い関税自主権が回復するのは，開国以来半世紀を経た1911年のことである。

□ **問1**　下線部①に関して，国会開設をめぐって伊藤博文と対立して役職を罷免され，後に立憲改進党の党首となる人物は誰か。

　　ア．板垣退助　　イ．江藤新平　　ウ．大隈重信　　エ．後藤象二郎

　　オ．福地源一郎

□ **問2** 下線部②に関して，1884年に負債に苦しむ農民が困民党を組織して武装蜂起し，政府が軍隊を使って鎮圧した事件はどれか。

ア．大阪事件　　イ．高田事件　　ウ．岐阜事件　　エ．秩父事件

オ．福島事件

□ **問3** 下線部③に関して，三大事件建白運動で掲げられた3つの要求は，地租の軽減，言論集会の自由と残りひとつは何か。

ア．一院制議会の開設　　イ．普通選挙の実施　　ウ．民定憲法の制定

エ．外交失策の回復　　オ．四民平等

□ **問4** 下線部④に関連して，憲法草案を審議するために設置され，後に天皇の最高諮問機関となったものは何か。

ア．宮内省　　イ．企画院　　ウ．貴族院　　エ．元老院　　オ．枢密院

□ **問5** 下線部⑤に関連して，選挙に先立って内閣総理大臣黒田清隆は，政府の政策は政党や議会の意向によって左右されない，と訓示していた。この考え方を何というか。

ア．超然主義　　イ．民本主義　　ウ．無政府主義　　エ．天賦人権説

オ．天皇機関説

□ **問6** 下線部⑥に関連して，井上馨が一括交渉を成功させるため列強の歓心を得ようとして東京日比谷に建設した施設は何か。

ア．商工会議所　　イ．公議所　　ウ．洋学所　　エ．時習館

オ．鹿鳴館

□ **問7** 下線部⑦に関して，1886年に外国の貨物船が紀州沖で難破し日本人乗客が水死した事件は，日本国民に法権回復の必要性を痛感させた。難破した貨物船を何というか。

ア．アロー号　　イ．ノルマントン号　　ウ．フェートン号

エ．モリソン号　　オ．リーフデ号

□ **問8** 下線部⑧に関連して，条約改正の難関であったイギリスは，ある国のアジア進出を警戒して，条約改正に応じる姿勢に転じた。ある国とはどこか。

ア．アメリカ　　イ．ドイツ　　ウ．カナダ　　エ．ロシア　　オ．日本

解答・解説：別冊 p.38

19 明治時代3

1 次の文を読んで，質問に答えなさい。 （大阪学院大）

1894年，朝鮮半島では，(ア)甲午農民戦争が起き，反乱が全土に広がった。清が朝鮮政府の要請に応じて出兵すると，日本も直ちに出兵し，日清戦争が勃発した。戦争は日本の勝利に終わり，1895年4月，日本全権（　a　）・（　b　）と清国全権李鴻章との間で，下関条約が結ばれ，朝鮮の独立などが認められた。しかし条約締結6日後，ロシア・ドイツ・フランスの三国は日本に対して，（　c　）を返還するように迫り，日本はこの要求に応じざるを得なかった。

□ **問1** 下線部（ア）の甲午農民戦争について述べた次の文の中から，正しいものを1つ選びなさい。

(1) 軍政改革に不満を抱く軍の一部が中心となり，日本公使館を焼き打ちした。

(2) 指導者は，急進的な改革を望み，日本の支持をあてにしてクーデタを起こした。

(3) ソウルで独立が宣言され，民衆らが「独立万歳」を叫びデモをおこなった。

(4) 指導者は，儒学・仏教・道教をもとにした民間宗教を信じていた。

□ **問2** 空欄（　a　）・（　b　）〈順不同〉に入る人名の組み合わせとして正しいものを次の中から1つ選びなさい。

(1)a—伊藤博文　b—陸奥宗光　　(2)a—山県有朋　b—陸奥宗光

(3)a—松方正義　b—山県有朋　　(4)a—伊藤博文　b—山県有朋

□ **問3** 空欄（　c　）に入る地名として正しいものを次の中から1つ選びなさい。

(1)山東半島　　(2)遼東半島　　(3)澎湖諸島　　(4)尖閣諸島

□ **問4** 日清戦争後について述べた次の文の中から，不適切なものを1つ選びなさい。

(1) 日本政府は，国民に対して「臥薪嘗胆」を合言葉に軍備増強を進めた。

(2) いわゆる民党は，富国強兵をめざす積極政策のために政府に協力するようになった。

(3) 日本の領土となった台湾では，台湾総督府が設置された。

(4) 朝鮮では，日本公使らが中国に接近した国王を殺害する事件が起きた。

2 次の文章を読み，下の問い（問1〜10）に答えなさい。　　　　（国士舘大）

　日清戦争後，清国の衰えを知った欧米列強は，あいついで清国に勢力範囲を獲得しようと競争を開始した。(1)1898年にはドイツ，ロシア，イギリスが租借地を獲得し，1899年にはフランスが租借地を獲得した。

　1900年，清国では「扶清滅洋」をとなえる団体（　a　）が勢力を増し，教会を焼き払い，北京の列国公使館を包囲・攻撃した。清国政府はこの動きに同調して列国に宣戦布告した。日本を含む列国は，連合軍を派遣して（　a　）を北京から追い，清国を降伏させた。これを機にロシアは中東鉄道を（　a　）から守ることを口実にして出兵し，中国東北部を事実上占領した。このことによって，自国の韓国における権益がおびやかされることを恐れた日本は，対ロシア政策を模索した。日本政府内には二つの政策が存在した。一つは両国が外交協議を通じて韓国と満州の権益をそれぞれ認め合うことを目指す政策であり，もう一つは（　b　）と同盟してロシアから実力で韓国における権益を守ろうとする政策であった。結局日本は後者の政策を採用し，1902年に（　b　）との間で(2)協約を締結した。

　その後，日本政府は対ロシア交渉を続けながら，一方で開戦準備を進めた。1904年初めに交渉は決裂し，同年2月8日，(3)日本の艦隊は仁川港でロシアの軍艦と交戦し，また，旅順口に停泊していたロシア艦隊を攻撃した。10日には日露両国がたがいに宣戦布告して(4)日露戦争がはじまり，以後約1年半続いた。陸戦および海戦において日本が勝利したが，長期の戦争は日本の国力からみて継続が困難であり，(5)ロシアも国内事情によって戦争を継続する余裕がなかった。そこで，日本とロシアは，セオドア＝ローズヴェルトの斡旋によって，1905年9月，(6)ポーツマスにおいて(7)講和条約に調印した。

☐ **問1**　下線部（1）において，ロシアが獲得した租借地として，正しいものを，次の①〜④のうちから一つ選びなさい。

　　　①広州湾　　②九竜半島・威海衛　　③旅順・大連港　　④膠州湾

☐ **問2**　下線部（1）において，イギリスが獲得した租借地として，正しいものを，次の①〜④のうちから一つ選びなさい。

　　　①広州湾　　②九竜半島・威海衛　　③旅順・大連港　　④膠州湾

19 ｜ 明治時代3　　73

□ **問3** 空欄 (a) に入る団体の名称として，正しいものを，次の①～④の
うちから一つ選びなさい。

　　①東学党　　②義和団　　③独立協会　　④太平天国

□ **問4** 空欄 (b) に入る国名として，正しいものを，次の①～④のうちか
ら一つ選びなさい。

　　①ドイツ　　②イギリス　　③フランス　　④アメリカ

□ **問5** 下線部 (2) の内容として，誤っているものを，次の①～④のうちから
一つ選びなさい。

　　① 両締結国は，たがいに清国および韓国の独立と領土の保全を認め合う
　　　こと，および侵略的意志がないことを明記した。

　　② 清国における両締結国の利益と，韓国における日本の政治・経済・産
　　　業上の利益を承認した。

　　③ 清国または韓国において，民衆の反乱により両締結国の国民の生命お
　　　よび財産を保護する必要が生じた場合，両締結国は必要な措置を取り得
　　　ることとした。

　　④ 締結国の一方が他国と交戦した場合，同盟国には直ちに参戦する義務
　　　があるとした。

□ **問6** 下線部 (3) の仁川港と旅順口は，それぞれどの国の統治下にあったか，
正しいものを，次の①～⑥のうちから，一つ選びなさい。

　　①仁川港＝清国　旅順口＝韓国　　　②仁川港＝清国　旅順口＝ロシア

　　③仁川港＝韓国　旅順口＝清国　　　④仁川港＝韓国　旅順口＝ロシア

　　⑤仁川港＝ロシア　旅順口＝清国　　⑥仁川港＝ロシア　旅順口＝韓国

□ **問7** 下線部 (4) の戦争において，日本を経済的に支援した国の組み合わせ
として，正しいものを，次の①～④のうちから一つ選びなさい。

　　①イギリス・オランダ　　②イギリス・フランス

　　③イギリス・アメリカ　　④イギリス・イタリア

□ **問8**　下線部（5）の国内事情として，正しいものを，次の①〜④のうちから
　　一つ選びなさい。

　　　① 天候不順によって食糧生産が大きな打撃を受けた。

　　　② 軍のクーデターが起こり，皇帝が退位した。

　　　③ 反政府運動や暴動が広がった。

　　　④ 皇帝が国民の生活改善を優先し，戦争継続を断念した。

□ **問9**　下線部（6）の都市がある国として，正しいものを，次の①〜④のうち
　　から一つ選びなさい。

　　　①ドイツ　　　②イギリス　　　③フランス　　　④アメリカ

□ **問10**　下線部（7）の内容として，誤っているものを，次の①〜④のうちから
　　一つ選びなさい。

　　　① ロシアは，韓国に対する日本の指導・保護・監理などの権利を認める。

　　　② ロシアは，清国から得た旅順・大連の租借権と長春以南の鉄道とその
　　　　　附属の権利を日本に譲渡する。

　　　③ ロシアは，サハリン全島と付属の諸島を日本に譲渡する。

　　　④ ロシアは，日本に対して沿海州とカムチャツカの漁業権を認める。

4章

近代

19　|　明治時代3

20 明治時代4

1 次の文章を読んで，下記の設問に答えよ。　　　　　　　　　　（関東学院大）

①1880年代から日清戦争，さらに日露戦争へと至る間は，同時に日本の工業化が急速に進展した時期でもあった。産業革命の中心となった（　イ　）や②製糸業では生産が機械化され，製品の輸出が大きく伸びていった。③1880年代以降，④官営事業の民間払い下げが進み，三井・三菱などの政商は，第二次産業においても大規模な事業を展開していった。その一方で，軽工業に比較して発達の遅かった重工業については，政府は1901年に操業を開始した（　ロ　）を設立するなどして育成を図ったが，この背景には軍備拡張を急ぐ，当時の日本が置かれていた国際情勢もあった。こうした工業化を支える労働力として，貧しい小作農の子女などが家計を助けるために出稼ぎに出ることも多かった。繊維産業や鉱山業における労働条件はきわめて厳しく，⑤日清戦争後には待遇改善などを求めてストライキが多発した。こうした労働運動に対して，政府は1900年に（　ハ　）を制定して取り締まりを強化するとともに，不徹底な内容ながら⑥1911年に工場法を制定し，階級対立を緩和しようとした。

□ 問1　下線部①の時期に成立した内閣として誤っているものはどれか。

　　1．伊藤博文内閣　　2．山県有朋内閣　　3．松方正義内閣

　　4．原敬内閣　　5．黒田清隆内閣

□ 問2　空欄（　イ　）に入る語句はどれか。

　　1．紡績業　　2．水産業　　3．造船業　　4．養蚕業　　5．自動車産業

□ 問3　下線部②の産業に関する説明として，誤っているものはどれか。

　　1．繭から生糸を製造する工業である。

　　2．その製品は，幕末の開港後，横浜からの主要な輸出品の1つとなった。

　　3．その原料は主としてヨーロッパからの輸入に頼っていた。

　　4．第一次世界大戦による好景気の時期，アメリカはその製品の主要な輸出先であった。

□ **問4** 下線部③に関連し，1880年代の出来事はどれか。

    1. 新橋・横浜間鉄道開通   2. 日英同盟調印   3. 岩倉使節団帰国

    4. 関東大震災   5. 大日本帝国憲法発布

□ **問5** 下線部④に関し，正しいものはどれか。

    1. 群馬県の富岡製糸場は，払い下げの対象にならなかった。

    2. 払い下げの受け手となった三井・三菱などの政商は，のちに戦時統制により解体していった。

    3. 払い下げられた佐渡金山・生野銀山は，江戸時代にも利用されていた。

    4. 鉄道は払い下げ価格が大きかったため，古河・浅野の共同経営となった。

□ **問6** 空欄（ ロ ）に入る語句はどれか。

    1. 大阪砲兵工廠   2. 横須賀製鉄所   3. 長崎造船所

    4. 八幡製鉄所   5. 東京砲兵工廠

□ **問7** 下線部⑤に関連し，日清戦争以降の文学作品と作者の組み合わせとして誤っているものはどれか。

    1. 『たけくらべ』―樋口一葉   2. 『若菜集』―島崎藤村

    3. 『金色夜叉』―尾崎紅葉   4. 『小説神髄』―二葉亭四迷

□ **問8** 空欄（ ハ ）に入る語句はどれか。

    1. 保安条例   2. 治安警察法   3. 国民徴用令   4. 警察法

    5. 新聞紙条例

□ **問9** 下線部⑥に関連し，1911年以降の出来事はどれか。

    1. 開拓使官有物払下げ事件   2. メーデー禁止

    3. 足尾銅山鉱毒事件   4. 地租改正反対一揆   5. 自由民権運動

4章 近代

20 ｜ 明治時代4

21 大正時代

1 次の文を読んで，それぞれの質問に答えなさい。　　　　（大阪学院大／改）

　1912年末，(ア)(a)内閣が退陣した後を受けて，桂太郎が3度目の内閣を組織した。桂は内大臣と侍従職から転じ，藩閥勢力を背景としていたことなどから，その内閣に対して非難の声が上がった。(イ)第一次護憲運動である。

☐ 問1　下線部（ア）について述べた次の文の中から，(a)内閣が退陣に追い込まれた理由として正しいものを1つ選びなさい。
　　(1)　総選挙の結果，議会の過半数を維持できなかったからである。
　　(2)　2個師団増設をめぐり陸軍と対立したからである。
　　(3)　大逆事件の責任をとらされたためである。
　　(4)　シーメンス（ジーメンス）事件が起きたためである。

☐ 問2　空欄(a)に入る人名として正しいものを，次の中から1つ選びなさい。
　　(1)西園寺公望　　(2)原敬　　(3)伊藤博文　　(4)山県有朋

☐ 問3　下線部（イ）について述べた次の文の中から，不適切なものを1つ選びなさい。
　　(1)　この運動には立憲国民党や立憲政友会が参加した。
　　(2)　この運動には政党の他，民本主義に刺激を受けた商工業者・都市民衆も参加した。
　　(3)　この運動に対して，桂も政党を作って対抗した。
　　(4)　この運動は大正政変を引きおこして終わった。

☐ 問4　同じく下線部（イ）について，この運動に参加した人物として正しい者を，次の中から一人選びなさい。
　　(1)山本権兵衛　　(2)寺内正毅　　(3)尾崎行雄　　(4)高野房太郎

2 次の文を読んで，それぞれの質問に答えなさい。　　　　　　（大阪学院大）

1914年，第2次（　a　）内閣は，第一次世界大戦が勃発しイギリスがドイツに宣戦すると，(ア)日英同盟協約を理由にドイツに宣戦した。その翌年には，ヨーロッパ諸国が世界大戦のため中国問題に介入する余裕がないのに乗じて中国の（　b　）政府に(イ)二十一ヵ条の要求をつきつけ，交渉が行きづまると最後通牒を発して要求の大部分を受諾させた。しかし，これを契機に中国の抗日運動が高揚することとなった。

☐ **問1**　空欄（　a　）に入る人名として正しいものを，次の中から1つ選びなさい。

　　(1)寺内正毅　　(2)山本権兵衛　　(3)大隈重信　　(4)原敬

☐ **問2**　下線部（ア）の日英同盟協約に関して述べた次の文の中から，不適切なものを1つ選びなさい。

　　(1)　この協約が最初に締結されたのは，第1次桂太郎内閣のときである。

　　(2)　この協約が締結される前，日本政府の内部にはアメリカと協商を結ぶべきであるとの対立意見が存在した。

　　(3)　日本政府がこの協約を締結したのは，ロシアの南下を防ぐためである。

　　(4)　この協約には，同盟国の一方が他国と交戦した場合には厳正中立を守り，第三国が参戦してきた場合には同盟国を助けるために参戦することが定められていた。

☐ **問3**　空欄（　b　）に入る人名として正しいものを，次の中から1つ選びなさい。

　　(1)孫文　　(2)袁世凱　　(3)張作霖　　(4)毛沢東

☐ **問4**　下線部（イ）の二十一ヵ条の要求の内容として不適切なものを，次の中から1つ選びなさい。

　　(1)　山東省におけるドイツ権益の継承

　　(2)　旅順・大連の租借期限の99ヵ年延長

　　(3)　南満州・東部内蒙古における権益の強化

　　(4)　漢冶萍公司（中国の製鉄会社）の譲渡

21 ｜ 大正時代

3 次の文を読んで，それぞれの質問に答えなさい。　　　　　（大阪学院大）

　1918年11月，第1次世界大戦の休戦が成立した。翌年（　a　）で講和会議がひらかれ，6月には(ア)講和条約が調印された。

　戦後，極東における日本の中国進出はアメリカ等から問題とされ，1921年，アメリカが主導して（　b　）が開催された。

□ **問1**　空欄（　a　）に入る用語として正しいものを次の中から1つ選びなさい。

　　(1)パリ　　(2)ロンドン　　(3)ベルリン　　(4)ニューヨーク

□ **問2**　下線部（ア）の講和条約について述べた文として不適切なものを，次の中から1つ選びなさい。

　　(1)　国際連盟の設立が決定された。

　　(2)　日本は山東省の旧ドイツ権益の継承が認められた。

　　(3)　ドイツには巨額の賠償金が課された。

　　(4)　中国は5大連合国の一員として条約調印をおこなった。

□ **問3**　空欄（　b　）に入る用語として正しいものを次の中から1つ選びなさい。

　　(1)ヴェルサイユ会議　　(2)ジュネーブ会議　　(3)ワシントン会議

　　(4)ウイーン会議

□ **問4**　この問題文の時代は，軍備縮小が世界の主要なテーマとなっていた。この時代のことを述べた文として不適切なものを，次の中から1つ選びなさい。

　　(1)　九カ国条約を発展させ，日米間で石井・ランシング協定が結ばれた。

　　(2)　ワシントン海軍軍縮条約では，主力艦の保有比率が定められた。

　　(3)　四カ国条約では，太平洋の平和に関する取り決めがなされた。

　　(4)　ロンドン海軍軍縮条約では，補助艦の保有制限が定められた。

4 **大正期の文化に関する，つぎの設問に答えなさい。** （東海大）

□ **問1** 　大正初期に編集長の滝田樗陰が基礎を確立し，「憲政の本義を説いて其の有終の美を済すの途を論ず」などの論説を掲載して，大正デモクラシーの論壇をリードした総合雑誌の名称を記しなさい。

□ **問2** 　『東洋経済新報』の記者で，大正デモクラシーの風潮の下，自由主義的立場から植民地放棄と平和的な経済発展などの政策を提唱し，第2次世界大戦後には首相となった人物の氏名を記しなさい。

□ **問3** 　京都帝国大学教授で，1916年に『大阪朝日新聞』に人道主義の立場から「貧乏物語」を連載し，その後，マルクス主義の立場に近づいて，1919年から個人雑誌『社会問題研究』を発行して，マルクス主義の研究と紹介をおこなった人物の氏名を記しなさい。

□ **問4** 　改造社は，関東大震災後における出版業界の極度のゆきづまりを打開するため，安価な『現代日本文学全集』を刊行して成功し，その後，新潮社が『世界文学全集』を，春陽堂が『明治大正文学全集』を同様の価格で刊行し，出版の大衆化をもたらした。これらの図書はその価格から何と呼ばれたか。その呼称を記しなさい。

□ **問5** 　大日本雄弁会講談社は，1925年に，「日本一面白い！　日本一為になる！日本一の大部数！」の宣伝文句で雑誌を売り出し，以後の大衆雑誌や少年少女雑誌の流行の基礎となった。この雑誌の名称を記しなさい。

□ **問6** 　音楽では，東京音楽学校を卒業し，1910年からベルリンに留学して作曲を専攻した人物が，帰国後の1915年に東京フィルハーモニー会管弦楽部を組織して日本に交響楽を広げる活動をし，さらに1925年には日本交響楽協会を結成している。この音楽家の氏名を記しなさい。

□ **問7** 　演劇では，小山内薫・土方与志によって，新劇運動の拠点となる劇場が創設された。1924年に開場した，この劇場の名称を記しなさい。

□ **問8** 　大正期には都市の郊外に，主に給与生活者（サラリーマン）向けの住まいとして，洋風の応接間をもった和洋折衷の住宅が流行した。このような住宅は何と呼ばれたか，その名称を記しなさい。

4 章

近代

21 ｜ 大正時代　　81

22 昭和時代戦前1

1 昭和初期の政治に関する以下の文章を読み，各問に答えよ。 （神戸学院大）

　第一次世界大戦が終わると，日本の経済は，戦後の不況と1923年の関東大震災によって大きな打撃を受けた。1927年に (a) 金融恐慌が発生したが，立憲政友会の（　ア　）内閣がこれをしずめた。この内閣は，外交政策では強硬路線に転じ，満州の権益を確保する方針を決定した。1927年から翌年にかけて，中国統一をめざす国民革命軍の北上に対して，在留日本人の保護を名目として干渉を決定し，3次にわたる（　イ　）を実施した。

　しかし，この内閣は，大陸に駐屯する関東軍の一部が1928年に満州に向かっていた (b) 軍閥の張作霖を奉天郊外で爆殺した事件で，昭和天皇の不信を招いて翌年辞職した。この後に成立した民政党の（　ウ　）内閣は，いわゆる協調外交を復活し，1930年に (c) ロンドン海軍軍縮条約に調印した。

☐ **問1**　下線部（a）をめぐる状況の説明として最も適切でないものを，次のA～Dの中から1つ選べ。

　　A．台湾銀行の救済のための緊急勅令発布が，衆議院で否決された。

　　B．片岡直温蔵相の議会での失言によって，銀行に対する取付け騒ぎが発生した。

　　C．日本銀行の特別融資でも，いわゆる震災手形に対する決済は進まなかった。

　　D．大戦中に急成長した鈴木商店が，破産の危機に瀕していた。

☐ **問2**　（　ア　）に入る人名として最も適切なものを，次のA～Dの中から1つ選べ。

　　A．高橋是清　　B．加藤高明　　C．田中義一　　D．若槻礼次郎

☐ **問3**　（　イ　）に入る語句として最も適切なものを，次のA～Dの中から1つ選べ。

　　A．関東軍特種演習　　B．山東出兵　　C．華北分離工作

　　D．南部仏印進駐

□ **問4** 　下線部（b）を関東軍が計画した理由として最も適切なものを，次のA～Dの中から１つ選べ。

　　A．国民革命軍に敗れて逃走する張作霖を排除して，自力で満州を占領するため。

　　B．張作霖が国民政府に合流したことを，日本に対する裏切りと考えたため。

　　C．国共合作に対する張作霖の支持が，抗日運動の拡大につながるのを阻止するため。

　　D．国民革命軍を破った張作霖の勢力を，日本にとって危険なものと考えたため。

□ **問5** 　（　ウ　）に入る人名として最も適切なものを，次のA～Dの中から１つ選べ。

　　A．斎藤実　　B．犬養毅　　C．清浦奎吾　　D．浜口雄幸

□ **問6** 　下線部（c）の調印を非難する側の主張として最も適切なものを，次のA～Dの中から１つ選べ。

　　A．政府が兵力量を決定するのは，憲法にいう統帥権の干犯である。

　　B．太平洋諸島の現状維持を承認したことは，「国策の規準」に反する。

　　C．主力艦の保有量を制限する比率は，八・八艦隊の建造を不可能にする。

　　D．シベリアからの撤兵を承認したことは，東亜新秩序の建設に支障がある。

22 ｜ 昭和時代戦前 1

2 次のA，Bの文章を読み，設問に答えよ。 （松山大）

A．(a)浜口雄幸内閣および第2次若槻礼次郎内閣で外務大臣を務めた幣原喜重郎は，対中国不干渉の協調外交を進めていたが，軍や右翼はこれを「軟弱外交」と非難し，盛んに「満蒙の危機」をさけんでいた。危機感を強めた関東軍は，武力で満州を占領して支配下におこうと計画した。関東軍参謀石原莞爾らは，1931年9月18日に奉天郊外の（　ア　）で満鉄線路を爆破し，これを中国軍のしわざとして軍事行動を開始し，満州事変が始まった。若槻内閣は不拡大方針を唱えたが，関東軍はそれを無視する形で次々と戦線を拡大した。若槻内閣は，桜会が同年10月に企てたクーデター計画に大きな衝撃を受け，さらに閣内の不統一に陥って総辞職した。

□ **問1**　文章中の空所（　ア　）に入れる地名として正しいものを，次の選択肢の中から1つ選べ。

　　①北京　　②柳条湖　　③愛琿　　④ハルビン　　⑤盧溝橋

□ **問2**　下線部分（a）について，両内閣とそれを担った与党の組み合わせとして正しいものを，次の中から1つ選べ。

　　①浜口内閣—立憲民政党，第2次若槻内閣—立憲民政党

　　②浜口内閣—立憲民政党，第2次若槻内閣—立憲政友会

　　③浜口内閣—立憲政友会，第2次若槻内閣—立憲民政党

　　④浜口内閣—立憲政友会，第2次若槻内閣—立憲政友会

B．若槻内閣にかわって成立した犬養毅内閣も，内閣から軍部として自立を強めた陸・海軍を抑えきれず，(b)1932年1月には日本軍の謀略をきっかけに，上海でも中国軍と戦闘が始まった。満州の主要地域を占領した日本軍は，3月に清朝最後の皇帝（　イ　）を執政とする満州国を発足させた。中国国民政府は日本の行動を不当として(c)国際連盟に提訴し，連盟は(d)リットンを長とする調査団を現地と日中両国に派遣した。犬養内閣は欧米列強の批判に配慮して満州国の承認を渋ったが，5月15日に海軍青年将校らが国家改造を唱えて犬養首相を射殺し，内閣は倒れた。

　　相次ぐテロ活動は支配層をおびやかし，元老の西園寺公望は，穏健派の海軍大将（　ウ　）を次の首相として天皇に推薦し，事態の収拾をはかろうとした。この内閣は，同年9月に日満議定書をとりかわして満州国を承認し，

満州国の実権は関東軍が握ることとなった。しかし，同年10月に出された
リットン報告書は，日本の軍事行動と満州占領を不当であると認定した。
1933年2月に国際連盟総会がリットン報告に基づく勧告を42対1で採択す
ると，日本代表松岡洋右は総会から退場し，日本政府は3月に正式に国際連
盟からの脱退を通告した。1936年には，日本が第2次ロンドン海軍軍縮会
議を脱退してロンドン条約が失効し，続いてワシントン海軍軍縮条約も失効
するなど，日本は国際的孤立への道を進むことになった。

□ **問3** 文章中の空所（　イ　），（　ウ　）に入れる人名として正しいものを，そ
れぞれの選択肢の中から1つ選べ。

（　イ　）①孫文　　②袁世凱　　③溥儀　　④李鴻章　　⑤西太后

（　ウ　）①山本権兵衛　　②斎藤実　　③加藤友三郎

　　　　　④米内光政　　⑤鈴木貫太郎

□ **問4** 下線部分（b）について，このことに関して述べた文章として最も適当
なものを，次の中から1つ選べ。

① 日本公使三浦梧楼の指揮する公使館守備隊が王宮に乱入し，高宗妃の
閔妃を殺害した。

② 日本の軍艦雲揚号が江華島で挑発行為を行い，砲撃を受けたため，日
本側が報復攻撃し，戦闘に発展した。

③ 日本人僧侶に対する襲撃事件をきっかけに，日本海軍陸戦隊と中国軍
が衝突した。

④ チェコスロヴァキア軍将兵の救援を名目として，アメリカ，イギリス，
フランスなどと共に共同出兵した。

□ **問5** 下線部分（c）について，この機関に関して述べた文章としてあやまり
のあるものを，次の中から1つ選べ。

① アメリカ大統領ウィルソンの提唱で，1920年に成立した。

② 第一次世界大戦後に設立された，史上初の国際的な平和維持機構である。

③ 発足当初の常任理事国は，米・英・仏・伊の4カ国であった。

④ 事務局はスイスのジュネーブに置かれた。

□ **問6** 下線部分（d）について，リットンの出身国を，次の中から1つ選べ。

①アメリカ　②ドイツ　③フランス　④イギリス　⑤イタリア

22 ｜ 昭和時代戦前1

23 昭和時代戦前2

1　次の文章（A，B）をよく読んで，以下の設問（問1〜問9）に答えなさい。
(神奈川大)

A．1937年7月に日中全面戦争が勃発した。日本軍は河北，チャハル，綏遠，山西の各省の要地を占領し，11月には華中の杭州，上海を占領し，さらに12月には（　ア　）を占領した。1938年5月には，華北と華中の日本軍占領地域を結ぶ要衝である徐州を占領，10月には揚子江中流域の中心地である武漢と華南の中心地広州を占領した。こうして日中戦争の開始から1年半の間に日本軍は中国の主要地域をほぼ手に入れ，11月には（　イ　）内閣は①「東亜新秩序声明」を発表して東亜新秩序の建設をうたった。

しかし，それでも中国側を屈服させることは出来ず，②第2次国共合作（抗日民族統一戦線）を背景に中華民国政府（国民政府）は（　ア　）から武漢（漢口），さらに重慶に首都を遷して長期抗戦の意志を示した。また大西遷（長征）を行い，延安に拠点を築いた中国共産党軍（八路軍）も華北の日本軍支配地域を背後から脅かした。

このため，日本軍は1939年末には85万人もの大兵力を中国戦線に配置せざるを得なくなり，ここに当初の「一撃によって」中国側を屈服させるという構想は破たんし，見通しのない持久戦に転換せざるを得なくなった。

こうした中で，日本は1940年3月に汪兆銘を首班とする中華民国国民政府（新国民政府）を南京に成立させ，これに先に成立させていた各地の傀儡政権をも合流させて，一応全中国を代表する親日政権をつくらせた。

□問1　空欄（　ア　）にあてはまる語句として最も適切なものを，下記の選択肢（a〜d）から1つ選べ。
　　a．南京　　b．西安　　c．済南　　d．延安

□問2　空欄（　イ　）にあてはまる語句として最も適切なものを，下記の選択肢（a〜d）から1つ選べ。
　　a．第1次近衛文麿　　b．斎藤実　　c．岡田啓介　　d．広田弘毅

□ **問3**　下線部①の声明について述べた文として最も適切なものを，下記の選択肢（a～d）から1つ選べ。

　　a．「国民政府を対手（あいて）とせず」というものである。

　　b．善隣友好・共同防共・経済提携の三項目を内容としたものである。

　　c．日本・「満州」・「中国」の3カ国による，新秩序の建設をうたったものである。

　　d．東南アジアを含む，東アジアの新秩序建設をうたったものである。

□ **問4**　下線部②に関連して，この国共合作が成立する契機となった事件は何といわれるか。最も適切な語句を，下記の選択肢（a～d）から1つ選べ。

　　a．西安事件　　b．北清事変　　c．済南事件　　d．山東出兵

□ **問5**　下線部②に関連して，問4の事件で蔣介石に内戦停止と抗日を強要した人物はだれか。最も適切な語句を，下記の選択肢（a～d）から1つ選べ。

　　a．李鴻章　　b．張学良　　c．袁世凱　　d．張作霖

　B．日中戦争が膠着状態に陥っていたころ，ヨーロッパでは，ナチス＝ドイツの侵略政策に対して，1939年9月イギリス，フランスはドイツに宣戦布告して第二次世界大戦が始まった。1936年に日独防共協定（翌年イタリアも加わる）を結んでいた日本は，ヨーロッパ戦線でのドイツの快進撃を背景に，日中戦争の打開を図るためにも米・英等の援蔣ルートの遮断や，戦略物資の確保を目的として③東南アジア進出（南進）を決意し，1940年9月北部仏印に進駐するとともに，日独伊三国同盟を結んだ。

　こうした動きは，米国との緊張を一層強め，米国は航空用ガソリンや，くず鉄・鉄鋼の対日輸出を禁止した。さらに，翌年7月の南部仏印進駐に前後して，在米日本人資産の凍結と対日石油輸出禁止の処置をとった。他方，この南進策を強行するためには，北方の備えを固める必要があった。そこで，41年4月に日ソ中立条約を締結した。

　1941年12月8日，海軍によるハワイの真珠湾奇襲攻撃と，陸軍のマレー半島上陸により，アジア・太平洋戦争が勃発した。緒戦は日本軍の圧倒的な勝利に終わり，戦勝ムードが高まったが，翌年のミッドウェー海戦で日本軍は大敗し，さらに8月の米軍のガダルカナル島上陸作戦をきっかけに，米軍は本格的な反攻に転じた。ヨーロッパでもドイツ軍は1943年2月，ソ連軍

4章

近代

23 │ 昭和時代戦前2　　87

の反攻を受けて，スターリングラードで完敗し，さらに枢軸国の一角イタリアは9月に無条件降伏した。

戦況が悪化した1943年11月，東条英機首相は汪兆銘の新国民政府，タイ，満州国，フィリピン，ビルマ等の代表を集めて（　ウ　）を開き，日本の勢力下にあったアジア諸国の結束と共存共栄をうたった。しかし，戦争末期には日本軍の「解放軍」としての期待が幻想とわかると，各占領地で抗日解放闘争や独立運動が起こった。また，中国大陸では1944年から翌年にかけて蔣介石の国民政府に打撃を与える等の目的をもって，約50万の部隊を動員しての「大陸打通」作戦が展開されたがこれも失敗に終わった。こうした，戦線の拡大や戦死者の増大は日本軍の兵員不足を深刻化させた。このために植民地の朝鮮や台湾では④皇民化政策が徹底され，特別志願兵制さらには徴兵制により，約50万人の兵士が動員された（内5万人が戦死）。また国内ではこれまで徴兵を猶予されていた法文系の大学生等も1943年の（　エ　）で戦争に動員された。

アメリカ軍による本土空襲も1944年から激化し，特に翌年の3月10日の東京大空襲では，一晩で多くの死者を出した。4月には米軍は沖縄本島に上陸し，8月6日には広島，9日には長崎に原子爆弾が投下された。さらに8日のソ連の対日参戦にあって，ついに日本政府は8月14日，7月に米・英・中国の名で発表された日本に対する降伏勧告の受諾を決定した。こうして満州事変からアジア・太平洋戦争にいたる，約15年にわたる戦争は日本の敗戦により終結した。

日本政府の調査（1964年）によると，日中戦争以降の戦争で亡くなった日本の軍人・軍属の数は中国約51万人(中国本土46万人,旧満州5万人)，フィリピン約50万人，中部太平洋（ミクロネシアなど）約25万人，東部ニューギニア等約24万人など，合わせて約210万人といわれている。また，各国政府の発表によれば，中国1000万人以上，インドネシア400万人，ベトナム200万人，フィリピン110万人など軍民合わせてアジア全体で2000万人以上の犠牲者を出したといわれている。

□ **問6**　空欄（　ウ　）にあてはまる語句として最も適切なものを，下記の選択
肢（a〜d）から1つ選べ。

　　　a．小御所会議　　　b．大阪会議　　　c．東方会議　　　d．大東亜会議

□ **問7**　空欄（　エ　）にあてはまる語句として最も適切なものを，下記の選択
肢（a〜d）から1つ選べ。

　　　a．陸軍志願兵制度　　　b．学徒出陣　　　c．学徒勤労動員

　　　d．国民義勇隊

□ **問8**　下線部③について，当時東南アジアの地域は多く欧米の植民地であった
が，現在のAインドネシア，Bマレーシア，Cフィリピンは，それぞれどの
国の植民地であったか。その組み合わせとして，最も適切なものを，下記の
選択肢（a〜d）から1つ選べ。

　　　a．A＝オランダ　　B＝イギリス　　C＝アメリカ

　　　b．A＝イギリス　　B＝アメリカ　　C＝オランダ

　　　c．A＝アメリカ　　B＝オランダ　　C＝イギリス

　　　d．A＝オランダ　　B＝アメリカ　　C＝イギリス

□ **問9**　下線部④に関連して，この政策の内容を述べた文として<u>不適切なもの</u>を，
下記の選択肢（a〜d）から1つ選べ。

　　　a．神社参拝の強要　　　b．創氏改名（改姓名）の奨励

　　　c．日本語の強制　　　d．神道指令の発布

23 ｜ 昭和時代戦前2

5章 現代

解答・解説：別冊 p.48

24 昭和時代戦後1

1 次の文章を読み，下の問い（問1〜4）に答えなさい。 （国士舘大）

日本は，ポツダム宣言にもとづいて連合国に占領されることになり，連合国に
よる対日占領政策決定の最高機関として，（　a　）が設けられた。アメリカを主導
とする連合国は，日本の非軍事化と民主化を目標として，日本社会の改造を進め
ていった。このようにして(b)民主化政策が矢継ぎ早に実施されるなか，政党政
治が復活し，日本国憲法が制定され，新憲法の精神にもとづいて，多くの(c)法律
が制定もしくは改正された。一方，敗戦直後には極度の物不足に加えて通貨の増
発により，猛烈なインフレーションが発生した。国民生活は危機的な状況となっ
たが，(d)一連の政策によりインフレーションは何とか収束することとなった。

□ **問1** 空欄（　a　）に入る機関が置かれた都市として，正しいものを，一つ
選びなさい。

   1. 東京　　2. ロンドン　　3. ワシントン　　4. パリ

□ **問2** 下線部（b）に関する文として，誤っているものを，一つ選びなさい。

   1. 過度経済力集中排除法によって，持株会社やカルテル・トラストなど
が禁止された。

   2. 教育基本法によって，男女共学の原則が立てられ，義務教育が6年か
ら9年に延長された。

   3. 労働組合法によって，労働者の団結権・団体交渉権・争議権が保障された。

   4. 農地改革によって，小作地が大幅に減少し，寄生地主制が基本的に解
体された。

□ **問3** 下線部（c）に関する文として，誤っているものを，一つ選びなさい。

   1. 地方自治法の制定により，都道府県知事が公選制から任命制となった。

   2. 警察法の制定により，国家地方警察とともに自治体警察が設けられた。

   3. 民法の改正により，家中心の戸主制度が廃止された。

   4. 刑法の改正により，不敬罪や姦通罪などが廃止された。

□ **問4** 下線部(d)を実施させるためにアメリカから派遣されてきた人物として，
正しいものを，一つ選びなさい。

   1. ダレス　　2. トルーマン　　3. アイゼンハウアー　　4. ドッジ

2 以下の文章(1)・(2)を読み，各問に答えよ。 (神戸学院大)

(1) 敗戦後，日本はポツダム宣言にもとづいて (a)連合国に占領された。連合国軍最高司令官総司令部（GHQ／SCAP）は，(b)東久邇宮稔彦内閣の総辞職後に成立した幣原喜重郎内閣に対し五大改革を指示するなど，矢継ぎ早に改革を進めた。改革は広汎な分野に及び，(c)財閥・寄生地主制の解体，(d)労働政策，(e)教育制度の改革，さらに (f)新憲法の制定をはじめ，(g)法律にも大きな変更が加えられた。

□ **問1** 下線部（a）に関する説明として最も適切なものを，1つ選べ。

A．占領軍による日本政府への要求は，法律の制定を待たずに勅令によって実施された。

B．連合国による占領政策の最高決定機関として，東京に極東委員会が置かれた。

C．アメリカ・イギリス・ソ連・中国の代表で構成された対日理事会は，占領政策全般に大きな影響力を持った。

D．沖縄・奄美・小笠原諸島はアメリカ軍によって占領され，間接統治の方式がとられた。

□ **問2** 下線部（b）に関する説明として不適切なものを，1つ選べ。

A．この内閣は，ポツダム宣言を受諾した鈴木貫太郎内閣総辞職を受けて組閣された。

B．この内閣のもとで，連合国軍の進駐受け入れ，旧軍の武装解除や降伏文書への調印がおこなわれた。

C．この内閣は，「一億総懺悔」・「国体護持」を唱えて，占領政策と対立した。

D．この内閣は，GHQからの指令を受けて，治安維持法や特別高等警察の廃止，政治犯の釈放などをおこなった。

□ **問3** 下線部（c）に関する説明として最も適切なものを，1つ選べ。

A．GHQは，1945年11月に三井・三菱・住友・安田など15財閥の解体，資産凍結を命じた。

B．1946年には過度経済力集中排除法が制定され，300社以上の独占企業が解体された。

C．第1次農地改革では，自作農創設特別措置法が制定され，在村地主の

所有限度が5町歩とされた。

D．第2次農地改革では，小作農・自作農・地主からそれぞれ同数選ばれた農地委員会が，農地の買収と売り渡しにあたった。

□ **問4**　下線部（d）に関連する説明として不適切なものを，1つ選べ。

A．1945年末には，労働者の団結権・団体交渉権・争議権を保障する労働組合法が制定された。

B．官公庁労働者については，占領期全体を通じて争議権が認められなかった。

C．1946年には労働関係調整法が制定され，中央労働委員会・地方労働委員会が設置された。

D．1947年には，8時間労働制などを定める労働基準法が制定され，労働省が設置された。

□ **問5**　下線部（e）に関連する説明として不適切なものを，1つ選べ。

A．1946年には，GHQの要請を受けて，アメリカ教育使節団が来日した。

B．1947年制定の教育基本法には，教育の機会均等や男女共学などが盛り込まれた。

C．教育基本法と同時に学校教育法が制定され，民主的教育制度が定められた。

D．1948年には，都道府県と市町村に任命制の教育委員会が設けられた。

□ **問6**　下線部（f）に関する説明として最も適切なものを，1つ選べ。

A．幣原内閣が設置した憲法問題調査委員会は，大日本帝国憲法の抜本的な改正案を作成した。

B．民間において憲法草案が作成されることはなかった。

C．新憲法の制定は，大日本帝国憲法の改正という形式をとった。

D．議会での審議において，新憲法の草案が修正されることはなかった。

□ **問7**　下線部（g）に関し，この時期に制定・改正された法律の内容に関する説明として不適切なものを，1つ選べ。

A．民法が改正され，男女同権に基づく家族制度が定められた。

B．警察法が制定され，都道府県警察のみからなる国家警察組織が整えられた。

C．刑法が改正され，不敬罪や姦通罪が廃止された。

D．地方自治法が制定され，都道府県知事は公選制となった。

(2) 連合国による占領政策には，第二次世界大戦後の国際関係が大きく影響していた。大戦直後の (h) 協調的な国際関係は，1947年頃からアメリカとソ連の二大国を基軸とする世界規模での「冷戦」と呼ばれる対立へとむかった。このように国際秩序が変化する中，日本に対する占領政策も大きく転換され，また，1948年には中道連立で民主党首班の（　ア　）内閣に代わり民主自由党の（　イ　）内閣が成立した。そして，（　イ　）内閣のもとで，西側陣営の一員として日本を国際社会に復帰させるという路線がとられ，1952年4月の (i) サンフランシスコ平和条約の発効によって日本は独立国としての主権を回復した。

□ **問8**　下線部 (h) に関連して，大戦直後に発足した国際連合（国連）に関する説明として不適切なものを，1つ選べ。

A．国連は，第二次世界大戦の発生を防げなかった国際連盟への反省をふまえて設立された。

B．国連は，連合国51か国が参加して発足した。

C．アメリカ・イギリス・フランス・ソ連・中国を常任理事国とする安全保障理事会に大きな権限が与えられた。

D．日本は，独立回復と同時に国連に加盟した。

□ **問9**　（　ア　）と（　イ　）に入る首相の氏名の組み合わせとして最も適切なものを，1つ選べ。

A．アー片山哲　イー芦田均　　B．アー片山哲　イー吉田茂

C．アー芦田均　イー吉田茂　　D．アー芦田均　イー片山哲

E．アー吉田茂　イー片山哲　　F．アー吉田茂　イー芦田均

□ **問10**　下線部 (i) に関する説明として不適切なものを，1つ選べ。

A．講和会議にはすべての連合国が出席し，条約に調印した。

B．この条約では，交戦国に対する日本の賠償責任を大幅に軽減した。

C．この条約では，朝鮮の独立，台湾・南樺太・千島列島などの領土の放棄が定められた。

D．この条約では，占領軍の日本撤退と同時に，別途協定にもとづき外国軍隊が駐留することが認められた。

5章
現代

24 ｜ 昭和時代戦後1　93

25 昭和時代戦後2

1 次の文章を読んで，以下の設問に答えなさい。　　　　（獨協大）

　1950年に勃発した朝鮮戦争で，アメリカ軍は国連軍として介入した。日本は朝鮮半島に出兵したアメリカ軍への補給物資支援，破損した戦車や戦闘機の修理などを請け負ったため，多くの軍需品が日本から調達された。この朝鮮特需は鉱工業を中心として日本の生産力を向上させ，経済復興に大きく貢献した。この好景気により，1955年度の1人当たりの実質国民所得は1930年代半ばの水準を上回り，1956年の『経済白書』は「（　1　）」とうたった。

　復興期を経た日本経済は，1950年代半ばから高度経済成長期に入った。設備投資や技術革新の進展とあいまって，(a)1955年から1970年にかけて好景気が立て続けに到来した。この高度成長期の間，国民総生産（GNP）は年率で10％以上の驚異的な成長を遂げ，1968年のGNPは資本主義諸国の中で（　2　）となった。経済の高成長は国民の生活を豊かにした。1950年代後半には「三種の神器」と呼ばれる家電製品が，1960年代半ばには(b)「新三種の神器」と呼ばれる耐久消費財が登場した。こうした新しい耐久消費財の登場が個人消費の拡大を促し，これがさらに経済を成長させるという好循環が生じたのである。また，経済の高成長の背景には(c)国民所得倍増計画があったことも見逃してはならないだろう。

　日本経済の復興と発展を目の当たりにした欧米諸国からは貿易や為替・資本の自由化が要求されるようになり，このため，日本はいよいよ開放経済体制に移ることとなった。具体的には，1964年に（　3　）に移行し，(d)外国為替の原則自由化が義務付けられた。さらに同年（　4　）への正式加盟が認められたことにより，資本移動および貿易外取引の自由化といった資本の自由化を推進しなければならなくなった。日本は名実ともに先進国入りを果たすこととなったのである。

　しかし，こうした高い経済成長は，都市の過密化と農村の過疎化，公害問題などのひずみも生み出した。特に公害問題は(e)四大公害訴訟と呼ばれる大きな社会問題に発展したのである。そのため，1967年には（　5　）が制定され，さらに1971年には環境庁が発足し，今日の環境問題への取り組みの出発点をなしている。

☐ **問1**　空欄（　1　）について，正しいものを選びなさい。

ア．もはや戦後ではない　イ．日本経済の成長と近代化

ウ．投資が投資を呼ぶ　　エ．需要の創出による成長力の強化

□ **問2**　下線部(a)について，到来した好景気の順番として正しいものを選びなさい。

ア．神武景気→岩戸景気→いざなぎ景気→オリンピック景気

イ．岩戸景気→神武景気→オリンピック景気→いざなぎ景気

ウ．岩戸景気→神武景気→いざなぎ景気→オリンピック景気

エ．神武景気→岩戸景気→オリンピック景気→いざなぎ景気

□ **問3**　空欄（　2　）について，正しいものを選びなさい。

ア．第1位　　イ．第2位　　ウ．第3位　　エ．第4位

□ **問4**　下線部（b）について，その組み合わせとして正しいものを選びなさい。

ア．電気洗濯機・電子レンジ・クーラー

イ．自家用自動車・カラーテレビ・クーラー

ウ．自家用自動車・電子レンジ・冷蔵庫

エ．電気洗濯機・カラーテレビ・冷蔵庫

□ **問5**　下線部(c)を決定したときの内閣総理大臣として，正しいものを選びなさい。

ア．田中角栄　　イ．池田勇人　　ウ．佐藤栄作　　エ．岸信介

□ **問6**　空欄（　3　）について，正しいものを選びなさい。

ア．IMF8条国　　イ．IMF14条国

ウ．GATT11条国　　エ．GATT12条国

□ **問7**　下線部（d）に関連して，当時の為替レートで1米ドルは日本円で何円に固定されていたか，正しいものを選びなさい。

ア．108　　イ．160　　ウ．308　　エ．360

□ **問8**　空欄（　4　）について，正しいものを選びなさい。

ア．ILO　　イ．IBRD　　ウ．OECD　　エ．UNCTAD

□ **問9**　下線部（e）の原因となった病気として，誤っているものを選びなさい。

ア．四日市ぜんそく　　イ．富山県神通川流域のイタイイタイ病

ウ．熊本県の水俣病　　エ．宮崎県土呂久の慢性ヒ素中毒症

□ **問10**　空欄（　5　）について，正しいものを選びなさい。

ア．環境基本法　　イ．廃棄物処理法　　ウ．公害対策基本法

エ．大気汚染防止法

25 ｜ 昭和時代戦後2

〔大学入試 全レベル問題集 日本史Ｂ ①基礎レベル〕（本冊）

S8f008

別冊 解答

大学入試
全レベル問題集
日本史B

基礎レベル

目 次

1章　原始・古代
1　原始時代〜弥生時代　…………………… 2
2　古墳時代　…………………………………… 4
3　飛鳥時代　…………………………………… 6
4　奈良時代　…………………………………… 8
5　平安時代1　………………………………… 10
6　平安時代2　………………………………… 12

2章　中世
7　院政期〜鎌倉時代1　……………………… 14
8　鎌倉時代2　………………………………… 16
9　南北朝〜室町時代1　……………………… 18
10　室町時代2　………………………………… 20

3章　近世
11　織豊政権　…………………………………… 22
12　江戸時代前期1　…………………………… 24
13　江戸時代前期2　…………………………… 26
14　江戸時代後期1　…………………………… 28
15　江戸時代後期2　…………………………… 30

4章　近代
16　幕末　………………………………………… 32
17　明治時代1　………………………………… 34
18　明治時代2　………………………………… 36
19　明治時代3　………………………………… 38
20　明治時代4　………………………………… 40
21　大正時代　…………………………………… 42
22　昭和時代戦前1　…………………………… 44
23　昭和時代戦前2　…………………………… 46

5章　現代
24　昭和時代戦後1　…………………………… 48
25　昭和時代戦後2　…………………………… 50

1章 原始・古代

1 原始時代～弥生時代

問題：本冊 p.8

1 問1 (1)-**ローム** (2)-**更新世** 問2 **群馬県** 問3 **相沢忠洋**
　　問4 (1)-**エ** (2)**ナウマンゾウ，オオツノジカ** 問5 **ア**

2 問1 **3** 問2 **4** 問3 **4** 問4 **1** 問5 **3**

3 A-**③** B-**①** C-**②** D-**④**

解説 **1** 問1 (1)-**ローム**，(2)-**更新世**…関東ローム層とは，関東地方に
　　分布する赤土の地層のことである。もともとは，火山灰が降りつもったもの。
　　関東ローム層が形成された時代を，地質学の用語で**更新世**とよぶ。更新世は
　　約1万年余り前に終わり，**完新世**に移行した。

問2　**群馬県**…**岩宿**遺跡は群馬県に位置し，1946年に関東ローム層から**打製
　　石器**（旧石器）が発見された。この発見で，更新世の日本列島に人類がいた
　　ことがはっきりした。旧石器時代という呼び方は考古学の用語であり，地質
　　学の用語である更新世のうちに含まれる点に注意。

問3　**相沢忠洋**…岩宿遺跡の発見者は，アマチュアの考古学者**相沢忠洋**である。
　　1949年に明治大学考古学研究室の調査が実施され，旧石器時代の遺跡であ
　　ることが確認された。

問4　(1)-**エ（野尻湖）**…長野県**野尻湖**では，1948年に**ナウマンゾウ**の化石が
　　発見され，以後の発掘調査で旧石器時代の人々の生活が明らかになりつつあ
　　る。(2)-**ナウマンゾウ，オオツノジカ**…ナウマンゾウ，**オオツノジカ**は更新世
　　の日本列島に生息していた大型動物で，野尻湖の湖底から骨が見つかってい
　　る。なお，ナウマンゾウの名は，化石を調査したドイツ人ナウマンに由来する。

問5　**ア（細石器）**…旧石器時代の人々は目的に応じて石器を加工した。シン
　　プルな**握槌**から，切ったり削ったりするためのナイフ形石器，槍を作るため
　　先端をとがらせた**尖頭器**，小型の石器を柄となる木や骨に埋め込み槍などと
　　して使う**細石器**などがある。

2 問1　**3（石錘）**…**石錘**とは，石で作られた「おもり」のこと。縄文時代
　　の人々はおもりを使い，網を用いた漁を行っていたと考えられる。

問2　**4（竪杵）**…脱穀用の**竪杵**は，木臼とともに稲作文化の一環として日本
　　に伝来したもの。竪杵を使う人物が描かれた**銅鐸**も出土している。

問3　**4（港川人骨）**…化石となって発見される更新世の人の骨を化石人骨とよび，日本では静岡県の**浜北人骨**，沖縄県の**港川人骨**が有名である。

問4　**1（大森貝塚）**…東京都の**大森貝塚**は，明治時代の初めにアメリカ人のモースが発掘したことで知られる。

問5　**3（機織りの技術）**…**機織りの技術**は弥生時代に大陸から日本に伝来したものである。

3　A-**③（湿田）**…1年中ずっと水につかっている低湿地の水田のことを**湿田**，灌漑（川などから水路を引くこと）が必要な水田のことを**乾田**という。弥生時代の初期には湿田が多かったと考えられ，やがて鉄器が普及すると，乾田の開発が進められた。B-**①（『漢書』地理志）**…中国の歴史書である**『漢書』地理志**によれば，紀元前1世紀ごろ，倭人の社会は百余国に分かれ，現在の平壌付近にあたる朝鮮半島の**楽浪郡**に定期的に使いを送っていたという。C-**②（楽浪）**…楽浪郡は，前漢の武帝により紀元前108年に設置された。D-**④（『後漢書』東夷伝）**…中国の歴史書である**『後漢書』東夷伝**には，西暦57年に倭の奴国の王が，後漢の光武帝に使者を送り，印綬を授かったと記録されている。「漢委奴国王」と刻まれた**金印**はそのときのものと考えられている。

▼旧石器時代，縄文時代，弥生時代の主な遺跡

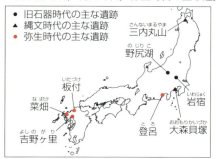

流れを押さえる！　原始時代～弥生時代

旧石器時代（更新世）の特徴：打製石器の使用
縄文時代（完新世）の特徴：縄文土器・弓矢・磨製石器（新石器）の使用
弥生時代（完新世）の特徴：農耕の開始と金属器・弥生土器の使用

2 古墳時代

問題：本冊 p.12

1 問1 ②　問2 (イ)-④　(ロ)-①　問3 ③　問4 ①
　　　問5 ①　問6 ④　問7 ②

2 問1 ア-前方後円墳　イ-氏上　ウ-部曲　エ-屯倉

　　　問2 岡山県　問3 江田船山古墳　問4 姓　問5 磐井の乱

　　　問6 群集墳

解説　1 問1　②（新嘗）…古墳時代の農耕祭祀としては，春に豊作を祈る祈年の祭，秋に収穫を感謝する**新嘗**の祭がある。

問2　(イ)-④…ヤマト政権は豪族たちを**氏姓制度**の下に編成していった。①は，邪馬台国とヤマト政権は直接つながらないので誤り。②は，邪馬台国のことを述べているので誤り。③の信楽は大和地方の地名ではないので誤り。
　　　(ロ)-①（大王）…稲荷山古墳から出土した鉄剣には，「獲加多支鹵〔ワカタケル〕大王」の文字が記されていた。

問3　③（大仙陵（大山）古墳）…大阪府の**大仙陵**〔仁徳天皇陵〕古墳は，日本最大の**前方後円墳**である。

問4　①（円筒埴輪や人物・動物などをかたどった形象埴輪）…**埴輪**は古墳の墳丘上に並べられたもので，石室の副葬品として納められたわけではない。

問5　①…②は「新羅の博士であった王仁」が誤り。**王仁**は百済から渡来した。③は「五経博士」が「仏教を伝えた」とあるのが誤り。**五経博士**は日本に儒教を伝えた。④は「土師器よりも低温で焼かれ」とあるのが誤り。**須恵器は土師器**よりも高温で焼かれた土器である。

問6　④（雄略天皇）…倭の五王の最後の「武」は**雄略天皇**にあたると考えられている。

問7　②…①は「竈にかわって囲炉裏」とあるのが誤り。古墳時代になって初めて「竈」が**竪穴住居**に現れる。③は「貫頭衣が一般的になった」とあるのが誤り。「貫頭衣」は弥生時代の衣服である。④は「定期市が開かれるようになった」とあるのが誤り。古墳時代に定期市は確認されていない。

2 問1　ア-前方後円墳…日本の大規模古墳のほとんどが**前方後円墳**である。

4

イ - 氏上…氏上は氏を代表して朝廷に仕え，氏人の統率にあたった。ウ - 部曲…氏姓制度における豪族の私有民を部曲という。エ - 屯倉…氏姓制度におけるヤマト政権の直轄地を屯倉という。

問2 岡山県…造山古墳は岡山県に位置する中期の前方後円墳である。

問3 江田船山古墳…熊本県の江田船山古墳から出土した鉄刀にみえる王名は「獲加多支鹵〔ワカタケル〕大王」と考えられ，同時代のヤマト政権の支配が九州に及んでいたと考える根拠になっている。

問4 姓…ヤマト政権において大王が豪族に授けた，家柄や地位を示す称号を姓〔カバネ〕という。

問5 磐井の乱…ヤマト政権が磐井の乱を平定したことにより，西日本の支配が完成したと考えられている。

問6 群集墳…古墳時代後期に有力な農民が作った小さな円墳などの集まりのことを群集墳という。

▼氏姓制度のしくみ

⚠ 流れを押さえる！ 　 古墳時代

前期古墳（3世紀中頃〜4世紀後半）
　　近畿地方中心に前方後円墳が出現。　例：箸墓古墳（奈良）

中期古墳（4世紀後半〜5世紀末）
　　前方後円墳が巨大化（軍事的色彩を強める）。　例：大仙陵古墳（大阪）

後期古墳（6〜7世紀）
　　各地で群集墳が成立。　＊7世紀を終末期古墳として区別する場合もある。

2 ｜ 古墳時代　　5

3 飛鳥時代

問題：本冊 p.16

1 問1 A-**ウ** B-**ア** C-**オ** D-**カ**

　　問2 1-**カ** 2-**サ** 3-**ア** 4-**ソ** 5-**ク** 6-**ウ** 7-**エ** 8-**オ**

　　問3 **ア** 　　問4 **ウ** 　　問5 **ウ** 　　問6 **イ**

解説 **1** 問1　A-**ウ（新羅）**…新羅は朝鮮半島における**高句麗・百済**の
勢力に対抗するため，唐と協力した。B-**ア（高句麗）**…唐は高句麗への侵
攻を繰り返していた。C-**オ（百済）**…百済は唐と新羅の連合軍に敗れ660
年に滅んだ。D-**カ（唐）**…唐は新羅に協力して朝鮮半島に勢力を伸ばした。

問2　1-**カ（難波）**…乙巳の変（645年）のあと，新たに即位した**孝徳天皇**は
難波長柄豊碕宮への遷都を実行した。2-**サ（評）**…孝徳天皇を中心とする
改新政府による地方行政改革で，新たに評が設置された。評は，**大宝令**の
施行（701年）に合わせて**郡**と改められた。3-**ア（氏上）**…氏人を統率す
る氏の首長のことを氏上という。4-**ソ（近江）**…**白村江の戦い**（663年）
に敗北したあと，**中大兄皇子は近江大津宮**に遷都した。5-**ク（天智天皇）**
…中大兄皇子は近江大津宮に遷都した翌668年に即位し，天智天皇となった。
6-**ウ（庚午年籍）**…**庚午年籍**（670年）は，天智天皇のもとで作成された
初めての全国的戸籍である。7-**エ（天武天皇）**…**壬申の乱**（672年）で**大
友皇子**に勝利した**大海人皇子**は，**飛鳥浄御原宮**に遷都し，翌年即位して天
武天皇となった。8-**オ（八色の姓）**…**天武天皇は八色の姓**を定め，**豪族**を
新しい身分秩序に再編した。

問3　**ア**…**厩戸王〔聖徳太子〕**は蘇我馬子や推古天皇と協力し，さまざまな
政策を進めた。**雄略天皇**は5世紀に在位していた天皇（「**倭の五王**」の一人）
であるから誤り。

問4　**ウ**…下線部（b）が述べている政変とは，中大兄皇子と**中臣鎌足**らが**蘇
我蝦夷・入鹿**を滅ぼした乙巳の変をさす。乙巳の変により**皇極天皇**は譲位し，
新たに孝徳天皇が即位した。したがって，**ウ**は誤りである。

問5　**ウ**…下線部（c）は，白村江の戦いをさす。白村江の戦いの後，北九州
や**壱岐・対馬**の警備のために置かれたのは**防人や烽**であるから，「**健児**が置
かれた」とする部分が誤り。「**健児**」とは，792年に**桓武天皇**が律令制にお

6

ける軍団兵士制を廃止したことに伴って設置された兵のことである。

問6　イ…下線部（d）は**壬申の乱**をさす。この戦いは天智天皇の死後におこった皇位継承をめぐる内乱で、大海人皇子（天智の弟）と大友皇子（天智の子）との対立が原因。したがって「兄の大海人皇子と弟の大友皇子との間の争い」という部分が誤りである。

▼白村江の戦い

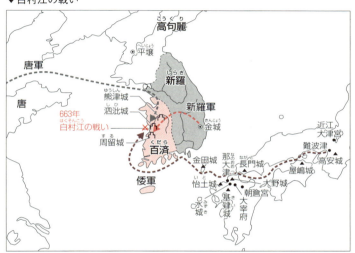

❗流れを押さえる！　飛鳥時代

厩戸王〔聖徳太子〕の政治：推古朝
　冠位十二階（603年），憲法十七条（604年），
　小野妹子を遣隋使として派遣（607年）

乙巳の変（645年）：皇極朝
　→　孝徳天皇が改新の詔を発する（646年）

白村江の戦い（663年）：中大兄皇子が主導
　→　唐・新羅に敗北し，近江大津宮に遷都（667年）

壬申の乱（672年）：天智天皇の死後
　→　大海人皇子が勝利し，即位（天武天皇）
　　　持統天皇が飛鳥浄御原令を施行（689年），藤原京に遷都（694年）

大宝律令の完成（701年）：文武朝

4 奈良時代

問題：本冊 p.18

1 問1 **2**　問2 **4**　問3 **1**

2 問1 ②　問2 ④　問3 ①　問4 ②　問5 ③

　　 問6 ①　問7 ③　問8 ②　問9 ④　問10 ④

3 問1 1-鎮護国家　2-聖武天皇　3-国分寺・国分尼寺

　　 問2 エ　問3 イ

解説　**1** 問1　2…平城京は中央を南北に走る朱雀大路を中心に，西側を右京，東側を左京という。したがって，西市は右京，東市は左京に位置するので2の文は誤り。

問2　4（富本銭）…富本銭は天武天皇の時代に鋳造された銅銭であるから，和同開珎（708年）に始まる奈良〜平安時代の皇朝〔本朝〕十二銭には含まれない。

問3　1…律令政府は貨幣の流通をはかるため，銭貨を貯めた量に応じて位階を授ける蓄銭叙位令（711年）を発した。

2 問1　②（a—文武天皇　b—元明天皇）…大宝律令の完成（701年）は文武天皇の時代で，平城京遷都（710年）は元明天皇の時代である。

問2　④（藤原不比等）…藤原不比等は鎌足の子で，大宝律令の制定や平城京遷都に尽力した。

問3　①（長屋王）…長屋王は，藤原不比等の死後に左大臣となり政治の実権を握った。

問4　②…723年に発布されたのは三世一身法である。墾田永年私財法は743年に発布。

問5　③（エ—光明子　オ—聖武天皇）…光明子は長屋王の変（729年）の後に聖武天皇の皇后となった。

問6　①（橘諸兄）…橘諸兄は，藤原四子の死後に吉備真備や玄昉を政権の補佐役として登用した。

問7　③（西海道）…藤原広嗣は吉備真備や玄昉を排除しようと九州で挙兵した。九州は当時の西海道にあたる。

問8　②（大津宮）…大津宮〔近江大津宮〕は，白村江の戦い（663年）に敗

8

北したあと，**中大兄皇子**が遷都した都である。

問9 ④…キには「**孝謙天皇**」が入る。①（和同開珎の発行）は元明天皇，②（**国分寺建立の詔**）・③（**大仏造立の詔**）は聖武天皇の事蹟である。

問10 ④（**南家**）…藤原仲麻呂は南家の出身。

3 問1 1-**鎮護国家**…仏教の力で国を治めようとする考え方を**鎮護国家思想**という。2-**聖武天皇**…聖武天皇は仏教の信仰を深め，東大寺の大仏を作る詔を発した。3-**国分寺・国分尼寺**…聖武天皇は国ごとに僧寺・尼寺を建立させた。

問2 エ（**行基**）…行基は民衆への布教を進めたため，朝廷から弾圧された。

問3 イ（**天平文化**）…8世紀の奈良時代の文化を**天平文化**という。

▼藤原氏の関係系図

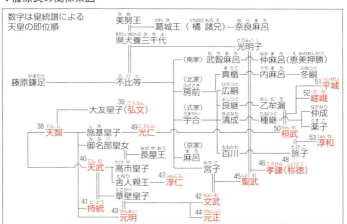

流れを押さえる！ 奈良時代

藤原不比等の政権 大宝律令の完成（701年），平城京遷都（710年）

長屋王の政権 三世一身法（723年），長屋王の変（729年）

藤原四子の政権 天然痘の流行 → 藤原四子の死（737年）

橘諸兄の政権 藤原広嗣の乱（740年），国分寺建立の詔（741年），墾田永年私財法・大仏造立の詔（743年）

藤原仲麻呂の政権 橘奈良麻呂の変（757年），恵美押勝の乱（764年）

道鏡の政権 宇佐八幡神託事件（769年）

5　平安時代1

問題：本冊 p.21

1 1-ア　2-オ　3-ウ　4-イ

2 問1 1-弘仁・貞観　2-綜芸種智院　3-三筆　4-台密

　　問2 ア-3　イ-2　ウ-5　エ-1

3 問1 (1)　問2 (2)　問3 (3)　問4 (2)

解説　**1**　1-**ア（藤原冬嗣）**…810年，藤原冬嗣は嵯峨天皇の蔵人頭に就任した。2-**オ（承和の変）**…842年，承和の変で伴〔大伴〕健岑・橘逸勢が配流された。3-**ウ（伴善男）**…866年，応天門の変で大納言伴善男が失脚した。4-**イ（安和の変）**…969年，安和の変で源高明が大宰府に左遷された。

2　問1　1-**弘仁・貞観**…平安時代前期（9世紀）の文化を**弘仁・貞観文化**という。2-**綜芸種智院**…綜芸種智院は，**空海**が庶民を対象に京都に設置した教育機関である。3-**三筆**…平安時代初期に唐風の書に秀でた**嵯峨天皇・空海・橘逸勢**は三筆と称された。4-**台密**…真言宗の密教を**東密**というのに対して，**天台宗**の密教は**台密**という。

問2　ア-3**（金剛峰寺）**…空海が開いた**金剛峰寺**は，和歌山県にある真言宗の総本山。イ-2**（教王護国寺）**…**東寺〔教王護国寺〕**は，嵯峨天皇が空海に授けた寺院。ウ-5**（東大寺）**…**戒壇**は仏教で僧尼をはじめ信者に授戒する場のこと。**東大寺**の戒壇は，奈良時代に来日した**鑑真**が設けたことに始まる。エ-1**（延暦寺）**…**延暦寺**は，最澄の死後に認められた寺号。以後日本仏教の中心となった延暦寺は，奈良の**興福寺**を**南都**と称するのに対して**北嶺**と呼ばれた。

3　問1　(1)**源高明**…969年の**安和の変**で**源高明**は左大臣を罷免され，大宰府に左遷された。

問2　(2)…(1)は「多くの荘園が給与として支給された」が誤り。律令制において**荘園**が給与として支給されることはなかった。(3)は「天皇が成人したときに」という部分が誤り。**摂政**は天皇が幼いときなどに政務を代行した。(4)は「**藤原良房**」が誤り。**関白**に最初に任命されたのは**藤原基経**である。

問3　(3)**氏の長者**…氏のリーダーのことで，藤原氏の場合は摂政・関白を兼

ねるようになった。

問4　(2)…知行国の設定は院政期に発展したものであり，当時の摂政・関白の地位をめぐる争いが知行国の設定につながることはない。

▼藤原氏の関係系図

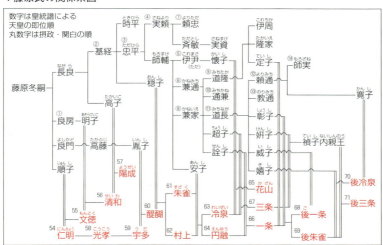

!　流れを押さえる！　平安時代1

藤原冬嗣	嵯峨天皇の蔵人頭に就任（810年）
藤原良房	応天門の変（866年）を機に清和天皇の摂政に就任
藤原基経	光孝天皇の関白に就任（884年）
藤原時平	右大臣菅原道真を左遷（901年）
藤原実頼	安和の変（969年）で左大臣源高明を左遷
藤原道長	摂政に就任（1016年）
藤原頼通	後一条・後朱雀・後冷泉天皇の摂政・関白をつとめる

6 平安時代2

問題：本冊 p.24

1 問1 B　問2 A　問3 D　問4 B　問5 A

2 A-国風　B-清少納言　C-寝殿

問 ア-(b)　イ-(d)　ウ-(b)　エ-(a)　オ-(c)　カ-(d)　キ-(a)

ク-(b)

3 問1 (2)　問2 (4)

4 ア-源義家　イ-源満仲　ウ-源頼信　エ-源経基

解説 **1** 問1　B（浄土教）…10世紀以降，死後に阿弥陀如来の極楽浄土へ往生することを願う浄土教が発達した。

問2　A（末法思想）…末法の世には仏教の力が衰えるとされ，日本では1052（永承7）年から末法に入ると考えられた。

問3　D（空也）…空也は諸国を廻りながら庶民に念仏を広めた僧で，市聖と呼ばれた。

問4　B（『往生要集』―源信）…源信〔恵心僧都〕は比叡山の僧。『往生要集』は極楽に往生するための方法を説いた書で，中国でも高い評価を受けた。

問5　A…平等院鳳凰堂は阿弥陀堂の代表的な遺構で藤原頼通が建立したものであるから，「藤原頼政が建立した」というのは誤り。

2　A-国風…摂関政治の時代を中心とする，それまでの唐風文化を日本風にアレンジした文化を国風文化という。B-清少納言…『枕草子』は清少納言の随筆集。清少納言は一条天皇の皇后定子（藤原道隆の娘）に仕えた。C-寝殿…白木造・檜皮葺などを特徴とする平安時代の貴族の住宅形式を寝殿造という。

問　ア-(b)伊勢物語…10世紀前半に成立した『伊勢物語』は，在原業平を主人公のモデルとする歌物語。イ-(d)藤原道長…一条天皇の中宮彰子は藤原道長の娘。ウ-(b)更級日記…『更級日記』の作者は菅原孝標の女。エ-(a)栄華物語…『栄華物語』は道長を賛美する歴史物語。オ-(c)蜻蛉日記…『蜻蛉日記』の作者は藤原道綱の母。カ-(d)和泉式部…『和泉式部日記』は敦道親王との恋が主題。キ-(a)大和絵…中国風の唐絵に対する日本風の絵画のこと。ク-(b)蒔絵…蒔絵は漆で描いた文様に金銀粉をつけた工芸。

12

3 問1 (2)**領家**…開発領主は国司の圧迫を逃れるため,中央の貴族・寺社に荘園の領有権を**寄進**した。寄進された荘園(**寄進地系荘園**)の領有権をもつものを**領家**とよぶ。

問2 (4)…**押領使・追捕使**は,治安を乱す各地の盗賊や犯罪人を取りしまるために置かれた**令外官**。したがって,寄進を受けた**領家**や**本家**が荘園に対して行った内容としては不適切である。

4 ア-**源義家**…源義家は後三年合戦(1083〜87年)を平定した。イ-**源満仲**…源満仲は**安和の変**(969年)で活躍した。ウ-**源頼信**…源頼信は**平忠常の乱**(1028〜31年)を平定した。エ-**源経基**…源経基は藤原純友の乱(939〜41年)を平定した。

▼寄進地系荘園の構造

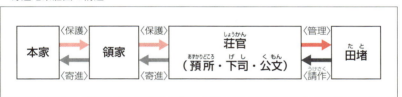

流れを押さえる！ 平安時代2

源経基	藤原純友の乱(939〜41年)を平定
源満仲	安和の変(969年)で源高明を失脚させ,摂関家に接近
源頼信	平忠常の乱(1028〜31年)を平定 → 源氏の東国進出
源頼義	前九年合戦(1051〜62年)を平定 → 源氏の東北進出
源義家	後三年合戦(1083〜87年)を平定
	→ 武家の棟梁としての地位

2章　中世

7 院政期〜鎌倉時代1

問題：本冊 p.28

---

1 問1 1-ス　2-ケ　3-シ　4-エ　5-ソ　6-イ

　　問2 ウ　　問3 エ

2 問1 ①　　問2 ④　　問3 ③　　問4 ②　　問5 ④

3 問1 3　　問2 2

解説　**1** 問1　1-ス（堀河天皇）…白河天皇は1086年に子の堀河天皇に譲位して上皇となり，院政を開始した。2-ケ（鳥羽天皇）…鳥羽天皇は堀河天皇の子。鳥羽上皇として，白河法皇のあとをついで院政を行った。3-シ（法勝寺）…法勝寺は白河天皇が建立した六勝寺の一つ。4-エ（後白河上皇）…後白河上皇は平氏と良好な関係を築くが，のちに悪化した。5-ソ（蓮華王院）…蓮華王院は三十三間堂として知られ，平清盛が後白河上皇のために造営したものである。6-イ（厳島神社）…厳島神社は航海安全の神をまつり，安芸守だった平清盛が厚く信仰した。

問2　ウ…鎌倉幕府の将軍にも知行国は与えられている（関東御分国という）ので，「将軍家には与えられなかった」というのは誤り。

問3　エ（六波羅探題）…京都において平氏は六波羅を拠点とした。平氏の滅亡後，その跡地に置かれたのが鎌倉幕府の六波羅探題である。

2 問1　①（a 中尊寺金色堂　b 白水阿弥陀堂　c 富貴寺大堂）…中尊寺金色堂は奥州藤原氏の祖である藤原清衡が創建した阿弥陀堂，白水阿弥陀堂は陸奥の豪族によるもの，富貴寺大堂は九州における最古の木造阿弥陀堂として知られ，いずれも浄土教の地方普及の様子を示す。

問2　④（後白河上皇）…民間の流行歌である今様などを愛した後白河上皇が，みずから集成した歌謡集が『梁塵秘抄』である。

問3　③（『今昔物語集』）…『今昔物語集』は，日本・インド・中国の三地域にわたる説話を集めたもの。

問4　②（前九年合戦）…『陸奥話記』は前九年合戦（1051〜62年）の経過を記した軍記物語。

問5　④（『大鏡』）…『大鏡』は藤原道長の全盛期を批判的に述べた歴史物語。

3 問1　3…侍所は鎌倉幕府における御家人の統制を主な任務とする軍事・

警察機関であるから,「一般政務や財政事務をつかさどった」というⅠの文は誤り(政務や財政を担当したのは**政所**)。侍所の初代別当は**和田義盛**なので,Ⅱの文は正しい。

問2　2(**壇の浦の戦い**)…**安徳天皇**を奉じた平氏一門は,**壇の浦の戦い**(1185年)で滅んだ。

▼院政関係系図

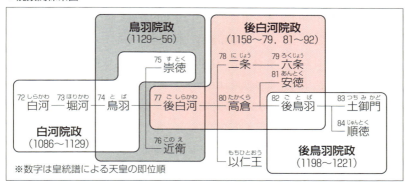

流れを押さえる！　院政期〜鎌倉時代1

後三条天皇の政治　摂関家を外戚としない→延久の荘園整理令(1069年)
白河院政　平正盛を登用,北面の武士を設置
鳥羽院政　平忠盛を登用　→　鳥羽の死後,保元の乱がおこる(1156年)
後白河院政　平治の乱で平清盛が勝利(1159年)
　　　　　→　清盛が後白河法皇を幽閉して平氏政権を確立(1179年)
　　　源頼朝・源義仲の挙兵(1180年)
　　　　　→　壇の浦の戦いで平氏が滅亡(1185年)
　　　源頼朝が征夷大将軍になる(1192年)

8 ▶ 鎌倉時代2

問題：本冊 p.32

---

1 問1 ③　問2 ④　問3 ①　問4 ③　問5 ②

問6 ④　問7 ③　問8 ①

2 問1 三斎市　問2 座　問3 (5)　問4 (2)　問5 借上

3 ア-⑤　イ-⑨　ウ-①　エ-⑦　オ-②

解説　**1** 問1　③（和田義盛）…**北条義時**は侍所の別当**和田義盛**を滅ぼし，政所と侍所の別当を兼ねた（1213年**和田合戦**）。

問2　④（六波羅探題）…**六波羅探題**は，鎌倉幕府が朝廷の監視と西国の御家人の統率を目的に，**承久の乱**（1221年）後に京都に設置した機関。

問3　①（評定衆）…**北条泰時**は1225年，重要政務などを合議するために北条氏一門と有力御家人からなる評定衆を新設した。

問4　③（宋）…日宋間に正式な国交はなかったが，私貿易はさかんで，宋商人がさかんに来航し，高麗を含む東アジア通商圏が形成された。

問5　②（得宗専制）…北条氏の嫡流の家のことを**得宗**とよび，得宗の下で**内管領**をはじめとする**御内人**が実権を握った独裁的な政治のことを**得宗専制政治**という。

問6　④…**御成敗式目〔貞永式目〕**は武家社会のみに適用された法であり，朝廷が発する公家法，荘園領主の定める本所法に干渉するものではなかった。したがって，「従来の公家法や本所法は廃止された」というのは誤り。

問7　③…①の文は古墳〜飛鳥時代の朝鮮半島に関する説明なので誤り。②の文は奈良〜平安時代のことなので誤り。④は室町時代のできごとなので誤りである。したがって③が正しい。

問8　①…②は「御家人は救済の対象とならなかった」が誤り。③は「荘園領主が，武力に訴えて年貢の納入を拒否」したというのが誤り。当時は荘園領主に年貢納入を拒否する悪党の存在こそが問題だった。④は，御家人が幕府の要職につけなくなった理由は女性の地位向上ではなく，**得宗専制政治**の展開によるものであるから誤り。

2 問1　**三斎市**…鎌倉時代には月に3回の**三斎市**が開かれるようになった。

問2　**座**…中世の商工業者の特権的な同業組合を**座**という。

16

問3 (5)問丸…問丸〔問〕は，交通の要所に拠点を構えて，年貢や商品の保管・運搬をになった運送業者である。

問4 (2)宋銭…鎌倉時代に流通した貨幣は，大量に輸入された**宋銭**。

問5 借上…借上は鎌倉時代にあらわれた高利貸し業者。

3　ア-⑤（**法然**）…法然は**浄土宗**の開祖で，**専修念仏**の教えを説いた。イ-⑨（**一遍**）…一遍は**時宗**の開祖で，**踊念仏**による布教で知られた。ウ-①（**日蓮**）…日蓮は**日蓮宗**〔**法華宗**〕の開祖で，**題目**をとなえることによる救済を説いた。エ-⑦（**栄西**）…栄西は中国から禅宗（**臨済宗**）を日本に伝えた。オ-②（**道元**）…道元は中国から禅宗（**曹洞宗**）を日本に伝えた。

▼北条氏略系図

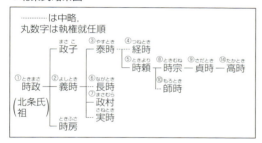

！流れを押さえる！　鎌倉時代2

源氏将軍の政治

　①源頼朝　②源頼家　③源実朝（暗殺）→　承久の乱（1221年）

北条氏の執権政治

　北条泰時　連署・評定衆の設置（1225年），御成敗式目の制定（1232年）

　　　　　　藤原〔摂家〕将軍の始まり

　北条時頼　宝治合戦（1247年）：三浦泰村一族の滅亡

　　　　　　引付衆の設置（1249年），皇族将軍の始まり

　北条時宗　文永の役（1274年）→異国警固番役の整備→弘安の役（1281年）

得宗専制政治

　北条貞時　霜月騒動（1285年）→　平頼綱を滅ぼし権力掌握（1293年）

9	**南北朝～室町時代1**

問題：本冊 p.36

1 問1 ア-大覚寺　イ-持明院　　問2 延喜・天暦　　問3 エ

問4 イ　　問5 エ　　問6 北条高時　　問7 楠木正成

問8 足利義満　　問9 綸旨　　問10 北条時行　　問11 奈良県

問12 ア

2 問1 (1)　　問2 (2)　　問3 (4)　　問4 (3)　　問5 (3)

解説　**1** 問1　ア-**大覚寺**…亀山天皇に始まる皇室の流れを**大覚寺統**という。イ-**持明院**…後深草天皇に始まる皇室の流れを**持明院統**という。

問2　**延喜・天暦**…醍醐天皇・村上天皇の治世を**延喜・天暦の治**という。

問3　**エ（六波羅探題）**…六波羅探題は，承久の乱（1221年）後に鎌倉幕府が朝廷の動向などを監視するために設置した機関である。

問4　**イ（光厳）**…光厳天皇は後醍醐天皇が倒幕の挙兵に失敗したため，鎌倉幕府に推されて即位した。

問5　**エ**…アは「十分な恩賞を幕府から与えられていた」が誤り。イは「嘉吉の徳政令」が誤り（正しくは「永仁の徳政令」）。ウは「明銭」が誤り（「宋銭」ならば正しい）。オは「一貫して単独相続が一般的」とあるのが誤り（当初は**分割相続**が一般的だった）。

問6　**北条高時**…北条高時は14代執権で，最後の得宗である。

問7　**楠木正成**…楠木正成は**後醍醐天皇**に仕え鎌倉幕府軍との戦いに活躍した。

問8　**足利義満**…足利義満は征夷大将軍・太政大臣を歴任した尊氏の孫。

問9　**綸旨**…建武の新政では，天皇の**綸旨**が絶対的な効力をもつとされた。

問10　**北条時行**…北条時行は中先代の乱（1335年）で一時的に鎌倉を占拠したが，**足利尊氏**に追われた。

問11　**奈良県**…吉野は奈良県に位置する。

問12　**ア**…イは「支持基盤は明確に分かれていた」が誤り（南北朝ともに公家や武家が入り乱れて支持していた）。ウは後醍醐天皇が「建武式目」を制定したというのが誤り（建武式目は足利尊氏が示した政治方針である）。エは「足利義政」が誤り（南北朝の合体は足利義満の事績である）。オは「後水尾天皇」が誤り（正しくは後小松天皇）。よって**ア**が正しい。

18

2 問1 (1)斯波氏
…室町幕府の将軍を補佐する**管領**には，**細川・斯波・畠山**の3氏が交替で就任した。

問2 (2)半済令…**南北朝の動乱**の中で，室町幕府は国内の荘園・公領からあがる年貢の半分を徴収する権利（**半済**）を守護に与えた。

問3 (4)勘合…勘合は明の皇帝が朝貢貿易の証として発行したもの。

問4 (3)山名氏清…山名氏清は**明徳の乱**（1391年）で敗北し，11か国あった領国を3か国に削られた。

問5 (3)永享の乱…室町幕府の6代将軍**足利義教**は，永享の乱（1438〜39年）で**鎌倉公方**の**足利持氏**を滅ぼした。この事件以後，東国では**関東管領**である**上杉氏**が実質的な支配権をもった。

▼皇室関係系図

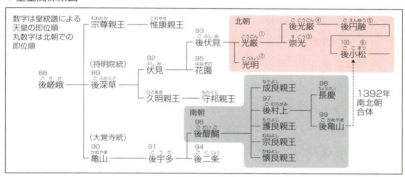

> ## ⚠ 流れを押さえる！ 　南北朝〜室町時代1

後醍醐天皇の倒幕運動

　　正中の変（1324年），元弘の変（1331年）→ 隠岐へ配流

　　鎌倉幕府の滅亡（1333年）

建武の新政

　　　中先代の乱（1335年）→ 足利尊氏が建武政権から離反

　　　建武政権の崩壊（1336年）→ 足利尊氏が建武式目を発表

南北朝の動乱

　　　観応の擾乱（1350〜52年）：幕府の内紛 → 観応の半済令（1352年）

　　　足利義満が将軍就任（1368年）→ 南北朝の合体（1392年）

10 室町時代2

問題：本冊 p.40

---

1 A-④　B-①　C-②

2 1-チ　2-カ　3-ク　4-ケ　5-ソ　6-ツ　7-イ　8-ウ

3 問1 北畠親房　　問2 増鏡　　問3 オ

　　問4 (1) 夢窓疎石　　(2) 如拙　　問5 風姿花伝〔花伝書〕

　　問6 (1) (足利)義尚　　(2) 桂庵玄樹　　問7 書院造

4 問1 ①　　問2 ③　　問3 ①

5 問1 ②　　問2 ③　　問3 ①

解説

1　A-④（宮座）…宮座は村の神社祭祀を担当する組織。B-①（沙汰人）…惣村の指導者を「おとな」「沙汰人」という。C-②（一揆）…特定の目的のために結成した集団を**一揆**という。

2　1-チ（大唐米）…**大唐米**は中国から導入された多収穫米。2-カ（刈敷）…刈敷は草を地中に埋め込んで腐らせた肥料。3-ク（荏胡麻）…荏胡麻は灯明の原料になった。4-ケ（淀川）…淀川は大坂と京都を結ぶ水路である。5-ソ（車借）…車借は物資を牛や馬に積んで運ばせた。6-ツ（六斎市）…室町時代中期から月6回の**六斎市**が増えた。7-イ（振売）…振売は連雀商人と並ぶ行商人の代表例である。8-ウ（為替）…遠隔地間の銭の輸送を避けるため，**為替**手形で決済する仕組みが用いられた。

3　問1　**北畠親房**…北畠親房は『神皇正統記』で南朝の正統性を主張した。

問2　**増鏡**…『増鏡』は公家の立場から鎌倉時代を描いた歴史物語。

問3　**オ（鹿苑寺）**…足利義満の死後，北山山荘が鹿苑寺となった。

問4　(1)　**夢窓疎石**…夢窓疎石は後醍醐天皇や足利尊氏が帰依した臨済僧で，天竜〔龍〕寺を開いた。(2)　**如拙**…相国寺の禅僧であった如拙の代表作が『瓢鮎図』である。

問5　**風姿花伝〔花伝書〕**…世阿弥がまとめた能楽に関する理論書。

問6　(1)　**(足利)義尚**…義尚は8代将軍義政と日野富子の間の子。

(2)　**桂庵玄樹**…桂庵玄樹は臨済宗の僧で，島津氏に招かれ薩南学派をおこした。

問7　**書院造**…書院造は寝殿造から発達した武家住宅の建築様式で，現代の

日本住宅の原型となった。

4 問1　①（ア：細川晴元―イ：三好長慶―ウ：松永久秀）…細川晴元は戦国時代の管領だったが，**三好長慶**に追放され，さらに三好の家臣**松永久秀**が実権を奪った。

問2　③（小田原）…小田原は関東を支配した**北条氏**の城下町である。

問3　①（豊後の大友氏）…**大友氏**は鎌倉時代以来の**守護**の家系である。

5 問1　②（朝倉）…朝倉氏は越前の戦国大名で，史料は「朝倉孝景条々」の一部である。

問2　③（一乗谷）…朝倉氏の城下町は一乗谷である。

問3　①…史料では，家臣たちが国内に城郭を構えることを禁じ，城下町に集住すべきことを述べている。

▼戦国大名の勢力分布図（1560年ごろ）

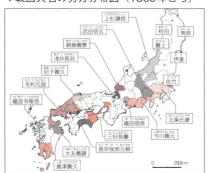

> **流れを押さえる！**　室町時代2

南北朝の動乱
　足利尊氏の時代が中心（南北朝文化）

室町幕府の安定
　足利義満の時代が中心（北山文化）　南北朝の合体（1392年）

室町幕府の動揺
　足利義政の時代が中心（東山文化）　応仁の乱がおこる（1467年）

戦国時代
　下克上の風潮　→　戦国大名の分国支配

3章 近世

11 織豊政権

問題：本冊 p.46

1 問1 (2)　問2 (4)　問3 (4)　問4 (1)

2 1-**エ** 2-**カ** 3-**ク** 4-**シ** 5-**ア** 6-**ス** 7-**ソ** 8-**イ** 9-**コ**

解説　1 問1　(2)…京都に**聚楽第**を新築して天皇を招いたのは，**豊臣〔羽柴〕秀吉**である。

問2　(4)（a. **足利義昭**　b. **武田勝頼**）…足利義昭は**織田信長**の援助で15代将軍に就任したが，やがて信長と対立するようになり1573年に京都から追放された。1575年の**長篠合戦**で，信長は**足軽鉄砲隊**を活用して**武田勝頼**を破った。

問3　(4)…一国一城令（1615年）は，江戸幕府が諸大名の居城以外の城を壊すことを命じたものである。

問4　(1)…一向宗とは鎌倉時代に始まった**浄土真宗**のことで，開祖は**親鸞**である（**法然**は**浄土宗**の開祖）。

2　1-**エ（種子島）**…種子島は**大隅**国（現在の鹿児島県）に属する。島主の**種子島時堯**は漂着したポルトガル人から**鉄砲**を購入し，その製造法を学ばせた。2-**カ（ゴア）**…ポルトガルは1510年にインドのゴアを占領し，東アジア貿易の拠点とした。3-**ク（マカオ）**…ポルトガルは1557年にマカオの居住権を獲得し，日本との貿易の拠点とした。4-**シ（フランシスコ＝ザビエル）**…ザビエルはスペイン人の**イエズス会〔耶蘇会〕**宣教師である。1549年に鹿児島に上陸し，島津氏の許可を得て布教活動を始めた。5-**ア（大友義鎮）**…大友義鎮〔宗麟〕は豊後の領主。城下町である**府内**は，**南蛮貿易**やキリスト教布教の拠点となった。6-**ス（ルイス＝フロイス）**…フロイスはポルトガルのイエズス会宣教師である。京都で信長に会い，秀吉とも親しかったが，**バテレン〔宣教師〕追放令**（1587年）で西九州へ移った。7-**ソ（平家物語）**…宣教師ヴァリニャーニが伝えた活字印刷機によってさまざまなローマ字体の出版物が生まれた。キリシタン版〔天草版〕の『**平家物語**』は1592年に天草で刊行されている。8-**イ（大村純忠）**…大村純忠は肥前大村の領主。**キリシタン大名**となり，1580年に長崎を教会に寄進している。9-**コ（ヴァリニャーニ）**…ヴァリニャーニは，イエズス会の巡察使として

来日した。セミナリオ（神学校）や**コレジオ**（宣教師の養成学校）の設立に尽力し，**天正遣欧使節**の派遣を実現した。

▼16世紀末の世界と日本人の航路

流れを確認！　織豊政権

織田信長の統一事業

- 1560年　桶狭間の戦い（今川義元を破る）
- 1571年　比叡山延暦寺の焼き打ち
- 1575年　長篠合戦（武田勝頼を破る）
- 1580年　石山本願寺が屈服
- 1582年　本能寺の変で自害

豊臣秀吉の統一事業

- 1582年　山崎の合戦（明智光秀を破る）
- 1583年　賤ヶ岳の戦い（柴田勝家を破る）
- 1584年　小牧・長久手の戦い（徳川家康と和睦）
- 1585年　四国平定（長宗我部氏を従える）
- 1587年　九州平定（島津氏を従える）
- 1590年　小田原攻め（北条氏を滅ぼす），奥州平定（伊達氏を従える）

12 江戸時代前期1

問題：本冊 p.48

1 問1 4　問2 1　問3 1　問4 1

2 1-ク　2-コ　3-イ　4-オ　5-カ　6-エ

3 問1 (3)　問2 (4)　問3 (4)

4 問1 A　問2 D　問3 A　問4 B

解説　**1** 問1　4（関ヶ原の戦い）…1600年，**徳川家康**は関ヶ原の戦いで石田三成を破った。

問2　1（秀忠）…**徳川秀忠**は家康の子。江戸幕府の2代将軍になった。

問3　1（ウ．参勤交代　エ．島原の乱）…3代将軍徳川家光が1635年に発した**武家諸法度**では，**参勤交代**の制度が加えられた。**島原の乱**（1637〜38年）はキリシタン農民らの一揆で，幕府は約12万人の軍勢で鎮圧した。

問4　1…バテレン〔宣教師〕追放令（1587年）は**豊臣**〔羽柴〕**秀吉**が発令したものである。

2　1-ク（京都所司代）…京都所司代は朝廷の監視や**京都町奉行**の管理のほか，畿内周辺の幕領における訴訟，西国大名の監視にあたった。2-コ（武家伝奏）…**武家伝奏**は朝廷と幕府の連絡役を務める公家で，**京都所司代**と連携した。3-イ（後水尾天皇）…**後水尾天皇**は江戸幕府の朝廷統制に反発し，皇女の**明正天皇**に譲位した。4-オ（崇伝）…**金地院の崇伝**は徳川家康の政治・外交顧問である。5-カ（沢庵）…**沢庵**は大徳寺の僧で，**紫衣事件**における幕府の対応を批判し，出羽に配流された。6-エ（明正天皇）…**明正天皇**は徳川秀忠の孫にあたる女帝である。

3　問1　(3)…長崎に**出島**が築かれたのは1634年で，幕府がいわゆる鎖国の状態へ向かう政策を展開していた時期にあたる。

問2　(4)…**琉球**が幕府の将軍の代替わりごとに派遣した使節は**慶賀使**である（**謝恩使**は琉球国王の代替わりごとに派遣された使者）。

問3　(4)（a対馬　b松前）…いわゆる鎖国政策のもとで，**対馬藩**の宗氏が朝鮮との窓口を担当し，**松前藩**がアイヌとの窓口を担当した。

4　問1　A（名主〔庄屋〕―組頭―百姓代）…**村方三役**とは，名主〔庄屋・肝煎〕・組頭・百姓代をさす。

24

問2　D…「結」とは農作業などで一時に多くの労働力を必要とする場合に，親類・近所で行う共同労働を意味し，税負担には関係ない。

問3　A（ア―田畑永代売買の禁止令（禁令）　イ―分地制限令）…江戸幕府は百姓の没落を防ぐために，**田畑永代売買（の）禁止令**や**分地制限令**を発した。

問4　B（入浜）…満潮時の海面よりも低く，干潮時の海面より高い位置に作ることで海水を取り込む**入浜塩田**が，江戸時代に瀬戸内地方で発達した。

▼鎖国体制下の四つの窓口

! 流れを確認！　江戸時代前期1

徳川家康の時代

1600年　関ヶ原の戦い（石田三成を破る）

1603年　征夷大将軍になる　→　秀忠に将軍をゆずる（1605年）

2代将軍：徳川秀忠の時代

1614年　大坂の役〔大坂冬の陣・夏の陣〕（～1615年，豊臣氏を滅ぼす）

1615年　武家諸法度・禁中並公家諸法度を発布

3代将軍：徳川家光の時代

1635年　武家諸法度で参勤交代を制度化

1637年　島原の乱（～38年）→　ポルトガル船の来航禁止（1639年）

| **13** | 江戸時代前期2 |

問題：本冊 p.52

1 問1 3 問2 1 問3 2 問4 1

2 問1 ア-⑤ イ-④ ウ-③ 問2 ア-⑤ イ-① ウ-③

3 問1 井原西鶴，松尾芭蕉，(4) 問2 尾形光琳，菱川師宣

問3 林羅山，藤原惺窩 問4 (3)，(5) 問5 新井白石

問6 (2)，(5) 問7 貞享暦 問8 契沖

解説 **1** 問1 3（由井（比）正雪）…由井正雪は幕府打倒を企て，未遂に終わった。

問2 1（末期養子）…大名改易による牢人の増加を防ぐため，末期養子の禁止が緩和された。

問3 2（柳沢吉保）…柳沢吉保は徳川綱吉の側用人として活躍した。

問4 1（荻原重秀）…勘定吟味役の荻原重秀が元禄金銀を鋳造した。

2 問1 ア-⑤（蔵屋敷）…諸藩・旗本は，年貢米などを販売するための倉庫として蔵屋敷を設けた。イ-④（堂島）…大坂の堂島の米市場は1730年に幕府に公認された。ウ-③（河村瑞賢）…河村瑞賢は江戸の商人で，東廻り航路〔海運〕・西廻り航路〔海運〕を整備した。

問2 ア-⑤（問屋場）…各宿駅で人馬・荷物を継ぎかえる公営の施設を問屋場という。イ-①（本陣）…本陣は宿駅における大名・公家などの宿泊施設である。ウ-③（伊勢神宮）…宇治・山田は伊勢神宮の門前町である。

3 問1 井原西鶴…井原西鶴は浮世草子の作者かつ談林派の俳人である。松尾芭蕉…松尾芭蕉は俳人。『奥の細道』などの紀行文が著名。(4)世間胸算用…『世間胸算用』は井原西鶴の浮世草子（町人物とよばれるジャンル）である。

問2 尾形光琳…尾形光琳の代表作は『紅白梅図屏風』『燕子花図屏風』などの絵画，八橋蒔絵螺鈿硯箱などの工芸がある。菱川師宣…菱川師宣は浮世絵の大成者で，肉筆の『見返り美人図』が代表作。

問3 林羅山…林羅山〔道春〕は林家の祖。藤原惺窩の推薦で家康に仕えた。藤原惺窩…藤原惺窩は相国寺の僧で，近世朱子学の祖とされる。

問4 (3)熊沢蕃山…熊沢蕃山は中江藤樹に学んだ陽明学者。(5)伊藤仁斎…伊藤

26

仁斎は『論語』を重視し，古義学を唱えた。

問5　新井白石…『読史余論』を著した新井白石は，6代将軍家宣，7代将軍家継のもとで正徳の政治を推進した。

問6　(2)大和本草…『大和本草』は貝原益軒の著書である。(5)農業全書…『農業全書』は宮崎安貞の著書である。

問7　貞享暦…渋川春海（安井算哲）は元の授時暦をもとに，宣明暦の誤差を正した。

問8　契沖…『万葉代匠記』は契沖の著書である。

3章　近世

▼江戸時代の交通

流れを確認！　江戸時代前期2

4代将軍徳川家綱の時代

　1651年　由井正雪の乱〔慶安の変〕，末期養子の禁止を緩和
　1657年　明暦の大火

5代将軍徳川綱吉の時代

　側用人柳沢吉保の登用
　1685年～　生類憐みの令　＊元禄文化の展開

6代・7代将軍徳川家宣・家継の時代

　新井白石による正徳の政治
　1715年　海舶互市新例〔長崎新令・正徳新令〕（長崎貿易の制限）

14 江戸時代後期1

問題：本冊 p.56

1 問1 **2** 問2 **4** 問3 **1** 問4 **3** 問5 **1**

2 問1 ア-**代表越訴型一揆** イ-**惣百姓一揆** ウ-**打ちこわし**
エ-**浅間山**

問2 (4) 問3 **義民** 問4 (2) 問5 (2)

3 問1 **エ** 問2 **イ** 問3 **イ** 問4 **ウ**

解説

1 問1 **2（紀伊）**…江戸幕府の7代将軍**徳川家継**には子がなかったので，8代将軍**吉宗**は**紀伊藩**から迎えられた。

問2 **4（定免法）**…その年の農作物のできぐあいを確かめてから年貢の割合を決める方法を**検見法**というのに対して，豊作・凶作に関わりなく税率を一定にする方法を**定免法**という。

問3 **1（参勤交代）**…徳川吉宗は**上げ米**の制を実施する代わりに，諸大名が**参勤交代**をする際に江戸にいる期間を半年に緩和した。

問4 **3（南鐐弐朱銀）**…田沼意次は南鐐弐〔二〕朱銀を鋳造させ，秤量貨幣（重さを計って使う貨幣）であった銀貨に計数貨幣（枚数を数えて使う貨幣）としての機能をもたせようとした。

問5 **1（最上徳内）**…**最上徳内**は江戸時代後期の探検家。田沼政権のもと，幕府の蝦夷地調査に同行し，北方探査に活躍した。

2 問1 ア-**代表越訴型一揆**…**代表越訴型一揆**は，江戸前期に行われた代表者の直訴による一揆のこと。イ-**惣百姓一揆**…村役人層の指導のもと，領主に対してすべての村民が大規模に政治的な要求を行うことを**惣百姓一揆**という。ウ-**打ちこわし**…飢饉などに際して困窮した都市の下層民たちが米屋や質屋を襲撃することを**打ちこわし**という。エ-**浅間山**…1783年の**浅間山大噴火**が**天明の飢饉**の一因となった。

問2 (4)**鰹＝信州**…鰹は土佐などの特産物。信州は内陸である。

問3 **義民**…**代表越訴型一揆**にみられる，**佐倉惣五郎**などの代表者を**義民**とよんだ。

問4 (2)**月行事**…**村方三役**は名主〔庄屋・肝煎〕・組頭・百姓代である。

問5 (2)**30〜50%**…本年貢は四公六民（のち五公五民）の納入が一般的であっ

28

た。

3 問1 エ（町人）…経済が発達したことで身分が上昇したという文章から町人（商工業者）が正解。
問2 イ（石田梅岩）…石田梅岩は心学を始め，商行為の正当性を説いた。
問3 イ（国学）…本居宣長は『古事記伝』を著した国学者である。
問4 ウ（群書類従）…塙保己一がまとめた古典の叢書は『群書類従』。

▼百姓一揆と打ちこわしの発生件数

流れを確認！ 江戸時代後期1

8代将軍徳川吉宗の政治：享保の改革
　経済政策（足高の制，相対済し令，上げ米の制，定免法の採用）
　社会政策（町火消の設置，目安箱の設置）
　その他（公事方御定書，漢訳洋書輸入の緩和）
　　→　財政の安定に成功

田沼意次の政治
　経済政策（株仲間の奨励，蝦夷地開発の計画，長崎貿易の推進）
　　→　天明の飢饉で一揆・打ちこわしが増加

| 15 | 江戸時代後期2 | 問題：本冊 p.60 |

1 1-**ウ** 2-**ツ** 3-**カ** 4-**キ** 5-**ソ** 6-**サ** 7-**ク** 8-**チ** 9-**オ**

2 問1 ④　問2 ①　問3 ④　問4 ②　問5 ③

3 問1 ④　問2 ①　問3 ③　問4 ②　問5 ④

解説

1 1-**ウ（家斉）**…江戸幕府の11代将軍は**徳川家斉**である。2-**ツ（吉宗）**…寛政の改革を実行した老中**松平定信**は，祖父である**徳川吉宗**による**享保の改革**を理想とした。3-**カ（囲米）**…囲米とは，飢饉などの非常事態に備えるため，幕府が命じて米穀を蓄えさせた政策のこと。4-**キ（旧里帰農令）**…農村から江戸へ流入した者を帰村させ，農業生産を安定させるために**旧里帰農令**が出された。5-**ソ（人足寄場）**…江戸に流入した無宿人を収容し，職業訓練を施すために**人足寄場**が設けられた。6-**サ（七分積金）**…七分積金は，打ちこわし防止策の一環として，町費の節約分の7割を貯蓄させて非常時に備えた政策である。7-**ク（棄捐令）**…困窮した旗本・御家人を救済するため，**棄捐令**で札差などからの借金を帳消しにした。8-**チ（湯島聖堂）**…松平定信は儒学のうち朱子学を正学，その他を異学として，湯島聖堂の学問所（のちの昌平坂学問所）では，**朱子学**以外の学問を教えることを禁じた。9-**オ（大御所）**…徳川家斉は12代将軍家慶に将軍職を譲ったあとも，**大御所**として実権を握った。

2 問1　④（**水野忠邦**）…老中**水野忠邦**が**天保の改革**を実行した。

問2　①…朱子学を正学としたのは寛政の改革なので誤り。

問3　④…①は「**村田清風**」が誤り（正しくは**調所広郷**），②は「**調所広郷**」が誤り（正しくは「**村田清風**」），③は「**伊達宗城**」が誤り（正しくは**山内豊信〔容堂〕**）。

問4　②（**本多利明＝『夢の代』**）…『夢の代』は**山片蟠桃**の著書。

問5　③（**鳴滝塾＝シーボルト＝長崎**）…シーボルトは長崎に鳴滝塾を開いた。

3 問1　④…『**海国兵談**』は**林子平**の著書であるから誤り。

問2　①（**小林一茶**）…小林一茶は化政文化の代表的な俳人である。

問3　③（**鶴屋南北**）…『**東海道四谷怪談**』は鶴屋南北の作である。

問4　②（**2つ**）…a・cは正しい。bの**大槻玄沢**の著作は『**蘭学階梯**』である（『蘭

30

学事始』は杉田玄白の著書)。

問5 ④…市川団十郎は荒事，坂田藤十郎は和事の名優である。

▼藩政改革と雄藩

!流れを確認！ 江戸時代後期2

老中松平定信の政治：寛政の改革

　農村復興（囲米，旧里帰農令）　都市政策（人足寄場，七分積金）

　財政政策（棄捐令）　思想統制（寛政異学の禁，出版統制）

　→　厳しい統制に対する民衆の反発，尊号一件で将軍家斉と対立

11代将軍徳川家斉の政治：大御所政治

　政治腐敗と財政悪化，関東農村の治安悪化（関東取締出役の設置）

　→　天保の飢饉，大塩の乱がおこる

老中水野忠邦の政治：天保の改革

　社会・経済統制（倹約令，株仲間の解散，人返しの法）

　→　上知令の失敗（幕府権力の衰退）

4章 近代

16 幕末

問題：本冊 p.64

---

1 問1 1-**キ** 2-**ア** 3-**ク** 4-**カ**

問2 A-**阿部正弘** B-**徳川斉昭** C-**島津斉彬** D-**井伊直弼**

問3 **一橋派，南紀派**

問4 ① **領事裁判権** ② **箱館** ③ **生糸**

問5 **吉田松陰** 問6 **エ**

解説 **1** 問1 1-**キ（福井）**…**松平慶永〔春嶽〕**は福井〔越前〕藩主である。2-**ア（土佐）** **山内豊信〔容堂〕**は土佐藩主である。3-**ク（雄藩）**…江戸時代後期に独自の改革を進め，財政再建や軍事力の強化に成功した藩を**雄藩**とよび，明治維新に大きな役割を果たした。4-**カ（徳川家定）**…日本が開国を決断したころ，江戸幕府では13代将軍**徳川家定**に子がなかったので，跡継ぎをめぐる問題が生じていた。

問2 A-**阿部正弘**…ペリー来航時，老中**阿部正弘**は，それまでの幕府の専制的な政治姿勢を改めて，事態を朝廷に報告するとともに諸大名にも意見を述べさせた。B-**徳川斉昭**…前水戸藩主の**徳川斉昭**は，ペリー来航を機に幕政に参加し，**尊王攘夷論**を主張した。C-**島津斉彬**…薩摩藩主の**島津斉彬**は殖産興業を推進し，幕府政治にも参加した。D-**井伊直弼**…大老**井伊直弼**は，欧米諸国のアジア進出が本格化する中で，天皇の許可（**勅許**）を獲得できないうちに**日米修好通商条約**に調印した。

問3 **一橋派，南紀派**…14代将軍に**徳川慶喜**を期待するグループが**一橋派**で，福井藩主の**松平慶永**を中心に薩摩藩主の**島津斉彬**らが支持した。これに対し，紀伊藩主の**徳川慶福**を次期将軍として支持するグループを**南紀派**とよび，大老**井伊直弼**を中心とした。

問4 ① **領事裁判権**…日米修好通商条約は**領事裁判権**（**治外法権**）を認め，**関税自主権**がないことなど，日本にとって不平等な内容を含むものであった。

② **箱館**…日米和親条約では**下田・箱館**の開港を定めている。

③ **生糸**…幕末から明治まで，日本の輸出品の第1位は一貫して**生糸**であった。

問5 **吉田松陰**…長州藩士であった**吉田松陰**は一君万民論を説き，**松下村**

塾で後進の育成にあたった。幕府に対する批判を強めたため、**安政の大獄**（1858〜59年）で弾圧され、江戸で処刑された。

問6　**エ（蛮社の獄）**…蛮社の獄は、江戸幕府による外国船打ち払い政策を批判した蘭学者の**渡辺崋山**や**高野長英**らを弾圧した事件なので、尊王攘夷運動とは関係ない。

▼幕末の輸出入品（1865年）

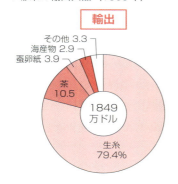
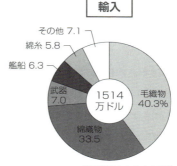

（『図説日本文化史大系』）

> **流れを確認！　幕末**
>
> **開国と混乱**
> 　1854年　日米和親条約　→　1858年　日米修好通商条約
> 　1860年　桜田門外の変（幕府独裁体制の崩壊）
>
> **尊王攘夷運動と公武合体策**
> 　1860年　和宮降嫁勅許（公武合体策）→　坂下門外の変（1862年）
> 　1862年　文久の改革
> 　1863年　長州藩が外国船砲撃　→　四国艦隊下関砲撃事件（1864年）
> 　　　　　薩英戦争
>
> **倒幕運動の展開**
> 　1866年　薩長連合（薩長同盟）の成立　→　幕府の長州征討が失敗
> 　1867年　徳川慶喜が大政奉還を実行

	17		明治時代1

問題：本冊 p.66

1 問1 (3)　　問2 (2)　　問3 (1)　　問4 (4)

2 問1 ②　　問2 ①　　問3 ②　　問4 ④　　問5 ②

　　問6 ③　　問7 ④

解説　**1** 問1　(3)…「幕府軍や新政府軍と戦った」とあるのが誤り。東北諸藩は新政府に抵抗するために**奥羽越列藩同盟**を結成した。

問2　(2)**高杉晋作**…高杉晋作は幕末に病死しているため，新政府の要職にはついていない。

問3　(1)**太政官**…1868年の**政体書**で設置された**太政官**がもっとも早い。**工部省**は1870年，**内務省**は1873年，**大審院**は1875年の設置。

問4　(4)…江戸が東京と改められたのは**廃藩置県**に先立つ1868年のことで，**東京府**が開設された。廃藩置県後は東京府知事が任命され，東京都と改まるのは1943年のことである。

2 問1　②（東京—横浜）…開港場である**横浜**と東京の連絡を密にするため，東京—横浜間に初の**電信線**が架設された。

問2　①（富岡製糸場）…**富岡製糸場**は群馬県富岡に設けられた官営模範工場のひとつである。フランス製の機械を輸入し，フランス人の技師を雇い入れて，士族の子女たちを集めて技術の伝習に努めた。日本の重要な輸出品であった**生糸**の増産をはかる目的があった。

問3　②（前島密）…郵便事業の創始者は**前島密**。郵便切手や全国均一料金を導入し，江戸時代の**飛脚**にかわる近代的な郵便制度を整備することに努めた。

問4　④（工部省）…**鉄道**事業はイギリス人モレルの指導のもと，**工部省**を中心に進められた。

問5　②（フランス）…フランスにならった**学制**（1872年）は，小学校から大学までの学校制度を定め，すべての国民が学校教育を受けられるようになることを目指した。しかし，教育制度を維持するための国民の負担は重く，地域社会の現実に沿わないことも多かったため，**教育令**（1879年）により廃止された。

34

問6 ③**（渋沢栄一）**…渋沢栄一を中心に制定された**国立銀行条例**（1872年）は，国立銀行に紙幣を発行させて**兌換制度**（金や銀などの本位貨幣と交換できる仕組み）を確立しようとしたものだが，うまくいかなかった。

問7 ④**（上野）**…第1回**内国勧業博覧会**は上野で実施された。政府は博覧会の開催により，産業の発展に有益な技術の開発と普及を進めようとした。

▼戊辰戦争関係地図

流れを確認！　明治時代1

新政府の発足

1867年　大政奉還の上表　→　王政復古の大号令

1868年　鳥羽・伏見の戦い（戊辰戦争の始まり）

　　　　五箇条の誓文　→　政体書の制定（太政官制を採用）

1869年　箱館戦争〔五稜郭の戦い〕で五稜郭開城（戊辰戦争の終結）

中央集権化への道

1869年　版籍奉還

1871年　廃藩置県　→　府知事・県令を政府が派遣

1872年　戸籍法の実施（壬申戸籍），学制の公布，国立銀行条例

1873年　徴兵令，地租改正条例

| **18** | **明治時代2** | 問題：本冊 p.68 |

---

1 問1 ア-③　イ-②　ウ-①　エ-②　オ-④　カ-④

　　問2 ①　　問3 ①

2 問1 ウ　　問2 エ　　問3 エ　　問4 オ　　問5 ア

　　問6 オ　　問7 イ　　問8 エ

解説 **1** 問1　ア-③（愛国社）…愛国社は，土佐の立志社を中心に1875年に結成された，各地の自由民権グループ（政社）の全国組織である。イ-②（片岡健吉）…1877年に片岡健吉は国会開設などを訴える立志社建白を政府に提出したが退けられた。ウ-①（国会期成同盟）…士族中心の運動として始まった民権運動に商工業者や地主が加わり，国民的な政治運動が展開した。これを受けて1880年に国会期成同盟が結成された。エ-②（黒田清隆）…開拓使の長官であった薩摩藩出身の黒田清隆は，同藩出身の五代友厚に官有財産を不当な安値で払い下げようとしたため，民権派の激しい攻撃を受けた。オ-④（グナイスト）…伊藤博文はヨーロッパへ憲法調査に向かい，ベルリン大学のグナイストやウィーン大学のシュタインの教えを受けて帰国した。カ-④（ロエスレル）…ロエスレルはドイツの法学者で，憲法草案作成の顧問として伊藤博文・井上毅・金子堅太郎・伊東巳代治らに協力した。

問2　①（生野の変）…生野の変（1863年）は幕末の尊王攘夷派による蜂起事件である。

問3　①（ア・正　イ・正）…西南戦争は徴兵制軍隊を中心とする政府軍によって鎮圧され，士族は武力を用いた抵抗に限界があることを知り，以後の言論による反政府運動（自由民権運動）が広がっていく契機となった。

2 問1　ウ（大隈重信）…立憲改進党の党首は大隈重信である。

問2　エ（秩父事件）…秩父事件（1884年）では農民が借金の軽減などを求めて武装蜂起したが，警察と軍隊により鎮圧された。

問3　エ（外交失策の回復）…欧化政策を進める井上馨外相の条約改正交渉に対して，民権派は地租の軽減や言論の自由・外交失策の回復を求める三大事件建白運動を展開した。

問4　オ（枢密院）…枢密院は憲法草案の審議を目的に設置された。

問5 ア（**超然主義**）…政府の政策は政党・議会の意向に左右されないとする立場を**超然主義**という。

問6 オ（**鹿鳴館**）…**井上馨**は**鹿鳴館**を建設し，欧化政策の一環として舞踏会を開いた。

問7 イ（ノルマントン号）…**ノルマントン号事件**は日本国民に法権回復の必要性を痛感させた。

問8 エ（ロシア）…イギリスはロシアの南下を警戒し，条約改正に応じる姿勢をみせた。

▼大日本帝国憲法下の政治機構

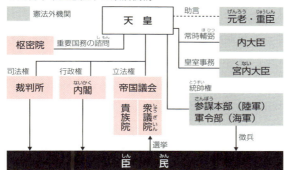

> **流れを押さえる！** 明治時代2

自由民権運動の発展

1874年　民撰議院設立の建白書の提出，土佐で立志社の結成
1875年　愛国社の結成　→　大阪会議（漸次立憲政体樹立の 詔 が出る）
1877年　立志社建白　→　愛国社の再興（1878年）
1880年　国会期成同盟の結成
1881年　開拓使官有物払下げ事件　→　国会開設の勅諭

自由民権運動の激化と再編

騒擾事件が続発：福島事件（1882年），秩父事件（1884年）
1886年　大同団結運動の始まり
1887年　三大事件建白運動の展開
1889年　大日本帝国憲法の発布

| 19 | 明治時代3 |

問題：本冊 p.72

1	問1 (4)	問2 (1)	問3 (2)	問4 (4)	
2	問1 ③	問2 ②	問3 ②	問4 ②	問5 ④
	問6 ④	問7 ③	問8 ③	問9 ④	問10 ③

解説

1 問1　(4)…**甲午農民戦争**は，東学を信じる団体を中心に南部一帯でおこった農民蜂起である。(1)は**壬午軍乱**〔壬午事変〕(1882年)，(2)は**甲申事変**(1884年)，(3)は**三・一独立運動**(1919年) について述べたものである。

問2　(1) (a─伊藤博文　b─陸奥宗光)…**下関条約**の日本全権は**伊藤博文**と**陸奥宗光**である。

問3　(2) **遼東半島**…満州進出をねらうロシアは，ドイツ・フランスとともに遼東半島の清国への返還を日本に勧告した (**三国干渉**)。

問4　(4)…「中国に接近した国王を殺害する事件が起きた」が誤り。日本公使らが殺害したのは王妃の**閔妃**。閔妃は日清戦争後，日本の進出に抵抗するためにロシアに近づいた。

2 問1　③ (**旅順・大連港**)…ロシアは**中国分割**の動きの中で**旅順・大連港**を清国から租借した。

問2　② (**九竜半島・威海衛**)…イギリスは香港を根拠地としていたことから**九竜**〔龍〕**半島**と**威海衛**を租借した。

問3　② (**義和団**)…清国では列強の進出を阻もうとする動きが強まり，**義和団**が「**扶清滅洋**」を唱えて蜂起した。

問4　② (**イギリス**)…満州を事実上占領したロシアを前に，日本は韓国での権益をおびやかされると考えた。政府内では満州権益をロシアに認め，韓国を日本の勢力範囲として確保する**日露協商論**が唱えられた一方，イギリスとの同盟でロシアに圧力をかけようという日英同盟論もあった。

問5　④…「同盟国には直ちに参戦する義務があるとした」が誤り。**日英同盟協約**では，締約国の一方が他国と交戦した場合は中立を保つと規定している。

問6　④ (**仁川港＝韓国，旅順口＝ロシア**)…**日露戦争**が始まったとき，旅順口はロシアが清国から租借しており，仁川港は韓国の統治下にあった。

問7　③ (**イギリス・アメリカ**)…日露戦争ではイギリスとアメリカが日本を

38

支援した。

問8　③…ロシアでは国内の革命運動が激化していたため，戦争の継続が困難になっていた。

問9　④（アメリカ）…ポーツマスはアメリカの都市である。

問10　③…「サハリン全島と付属の諸島を日本に譲渡する」が誤り。**ポーツマス条約**では北緯50度以南の**樺太**〔**サハリン**〕を譲渡すると決められた。

▼列強による中国の分割

> **流れを押さえる！** ／ **明治時代3**
>
> **日清戦争への道**
>
> 　1882年　壬午軍乱：大院君支持の兵士が閔氏政権に反乱
>
> 　1884年　甲申事変：金玉均ら開化派のクーデタ（失敗）
>
> 　1885年　天津条約：日清両国が朝鮮をめぐり協定
>
> 　1894年　甲午農民戦争　→　日清開戦
>
> 　1895年　下関条約の締結　→　三国干渉，閔妃殺害事件
>
> **日露戦争への道**
>
> 　1898年　列強による中国分割が進む　→　中国の抵抗
>
> 　1900年　北清事変　→　ロシア軍が満州残留
>
> 　1902年　日英同盟協約の締結
>
> 　1904年　日露開戦
>
> 　1905年　ポーツマス条約の締結　→　韓国の植民地化へ

20 明治時代4

問題：本冊 p.76

1 問1 **4**　問2 **1**　問3 **3**　問4 **5**　問5 **3**　問6 **4**
問7 **4**　問8 **2**　問9 **2**

解説

1 問1　**4（原敬内閣）**…**原敬内閣**は大正時代の1918年に成立した，**立憲政友会**による最初の本格的な政党内閣である。

問2　**1（紡績業）**…日本における産業革命をリードしたのは繊維産業，とくに**紡績業**と製糸業であった。

問3　**3**…「原料は主としてヨーロッパからの輸入に頼っていた」というのが誤り。**製糸業**の原料となる繭は，農村で養蚕業が展開したことによって国産でまかなうことができた。また，生糸を作るための技術である**座繰製糸**や**器械製糸**についても輸入に依存する必要はなかったので，**製糸業**は近代日本における最大の輸出産業として成長した。

問4　**5（大日本帝国憲法発布）**…1「新橋・横浜間鉄道開通」と3「岩倉使節団帰国」はどちらも1870年代，2「日英同盟調印」は1900年代，4「関東大震災」は1920年代のできごとである。

問5　**3**…1は「払い下げの対象にならなかった」が誤り。**富岡製糸場**は1893年に**三井**に払い下げられている。2は「戦時統制により解体していった」が誤り。**三井・三菱**などの**政商**は明治時代に**財閥**へと成長し，それらが解体されたのは第二次世界大戦後のことである。4は「古河・浅野の共同経営となった」が誤り。**官営事業払下げ**では，軍事工場と鉄道は除外されたため，払い下げそのものが行われていない。

問6　**4（八幡製鉄所）**…日清戦争後，軍備拡張の基礎になる鉄鋼生産の国産化を実現するため，北九州に官営**八幡製鉄所**を建設した。

問7　**4（『小説神髄』―二葉亭四迷）**…『**小説神髄**』は坪内逍遙が1885年に発表した文学理論書で，現実をありのままに描こうとする写実主義を唱え，芸術としての文学を主張した。**二葉亭四迷**の『**浮雲**』は写実主義文学の代表作である。

問8　**2（治安警察法）**…日清戦争後に労働組合運動がさかんになり，労働者の待遇改善を求める**労働争議**が増加した。政府は労働運動の高まりを警戒し

て，運動を取り締まるために**治安警察法**を制定した。

問9 2（メーデー禁止）…メーデーが禁止されたのは1936（昭和11）年である。1「開拓使官有物払下げ事件」，3「足尾銅山鉱毒事件」，4「地租改正反対一揆」，5「自由民権運動」は1911年よりも前のできごとである。

▼綿糸の生産と輸出入の移り変わり

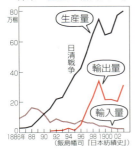
（飯島幡司『日本紡績史』）

流れを押さえる！　明治時代4

1870年代：殖産興業の推進

 1870年　工部省の設置　→　鉄道や鉱山の開発

 1873年　内務省の設置　→　官営事業の推進

1880年代：最初の企業勃興

 背景　①官営事業の払下げ，②松方財政による経済安定

 1881年　日本鉄道会社の設立

 1883年　大阪紡績会社の操業開始

1890年代：資本主義の確立

 背景　①日清戦争の賠償金による戦後経営，②金本位制の確立

 1894年　器械製糸の生産量が座繰製糸を上回る

 1897年　綿糸の輸出量が輸入量を上回る

1900年代：官営軍需工場中心の重工業化

 背景　日露戦後経営

 1901年　官営八幡製鉄所の操業開始　→　鉄鋼の国産化

 1909年　生糸輸出量が中国を抜いて世界1位となる

21 大正時代

問題：本冊 p.78

1 問1 (2)　問2 (1)　問3 (2)　問4 (3)

2 問1 (3)　問2 (2)　問3 (2)　問4 (4)

3 問1 (1)　問2 (4)　問3 (3)　問4 (1)

4 問1 中央公論　問2 石橋湛山　問3 河上肇　問4 円本

問5 キング　問6 山田耕筰　問7 築地小劇場

問8 文化住宅

解説

1 問1 (2)…西園寺内閣が2個師団増設を受け入れなかったため，陸相の上原勇作は単独辞任した。陸軍は軍部大臣現役武官制を利用して後任の大臣を推薦せず，内閣は総辞職した。

問2 (1) 西園寺公望…第2次西園寺公望内閣の退陣を受けて，**第3次桂太郎内閣**が発足した。

問3 (2)…吉野作造が『**中央公論**』で**民本主義**の考え方を発表したのは，第一次護憲運動より後のことである。

問4 (3) 尾崎行雄…立憲政友会の尾崎行雄は，第一次護憲運動の中心人物。

2 問1 (3) 大隈重信…第一次世界大戦が勃発したのは第2次大隈重信内閣のときである。

問2 (2)…**日英同盟協約**の締結前に，政府内ではロシアとの**協商**を結ぼうとする考え方があった（**日露協商論**という）。

問3 (2) 袁世凱…日本が二十一ヵ条の要求をつきつけたのは，中国の**袁世凱**政府である。

問4 (4)…二十一ヵ条の要求では**漢冶萍公司**の日中共同経営を求めているので，「譲渡」というのは誤り。

3 問1 (1) パリ…第一次世界大戦の講和会議はパリで開かれた。

問2 (4)…中国は**ヴェルサイユ条約**の調印を拒否した。

問3 (3) ワシントン会議…米大統領ハーディングの提唱で1921年に**ワシントン会議**が開かれた。

問4 (1)…**石井・ランシング協定**は九カ国条約の締結後，廃棄された。

4 問1 中央公論…大正デモクラシーの中心的位置を占めた総合雑誌。

42

問2 石橋湛山…『東洋経済新報』の記者として自由主義の立場を貫いた。
問3 河上肇…『貧乏物語』を著し，マルクス主義経済学を研究した。
問4 円本…1冊1円という低価格が人気で，都市中間層に受け入れられた。
問5 キング…大日本雄弁会講談社が大衆向けの娯楽雑誌として創刊。
問6 山田耕筰…ドイツに留学し，日本で初めて交響楽団を組織した。
問7 築地小劇場…小山内薫らが建設した日本で初の新劇の劇場である。
問8 文化住宅…洋風の応接間をもつ和洋折衷の中産階級向け住宅。

▼第一次世界大戦後の日本の領土

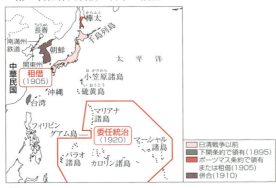

流れを押さえる！　大正時代

第3次桂太郎内閣	1912年	第一次護憲運動　→　大正政変(1913年)
山本権兵衛内閣	1914年	シーメンス事件
第2次大隈重信内閣	1914年	第一次世界大戦に参戦
	1915年	中国に二十一カ条の要求
寺内正毅内閣	1918年	シベリア出兵の宣言　→　米騒動
原敬内閣	1919年	ヴェルサイユ条約の締結
高橋是清内閣	1921年	ワシントン会議
加藤友三郎内閣	1922年	シベリアから撤兵完了
	1923年	関東大震災
清浦奎吾内閣	1924年	第二次護憲運動
加藤高明内閣	1925年	治安維持法・普通選挙法の公布

22 昭和時代戦前1

問題：本冊 p.82

1 問1 A　問2 C　問3 B　問4 A　問5 D　問6 A

2 問1 ②　問2 ①　問3 イ-③　ウ-②　問4 ③　問5 ③
　　問6 ④

解説

1 問1　A…「衆議院で否決された」が誤り。若槻礼次郎内閣による台湾銀行を救済するための緊急勅令案は，枢密院で否決された。

問2　C（田中義一）…支払猶予令（モラトリアム）を発令し，金融恐慌をしずめたのは田中義一内閣（蔵相高橋是清）である。

問3　B（山東出兵）…立憲政友会の田中義一内閣は，中国大陸で蔣介石の率いる北伐が進展する中，居留民保護を名目にして3次にわたる山東出兵を実施した。

問4　A…関東軍の一部は，1928年に張作霖爆殺事件をおこし，その混乱に乗じて満州を自力で占領しようとしたが失敗した。

問5　D（浜口雄幸）…田中内閣が退陣したあと，立憲民政党の浜口雄幸内閣が成立した。

問6　A…浜口内閣がロンドン海軍軍縮条約に調印したことに対して，野党である立憲政友会や軍部は，政府による兵力量の決定は憲法で定められた統帥権の干犯にあたると批判した。

2 問1　②（柳条湖）…1931年，関東軍は奉天郊外の柳条湖で満鉄線路を爆破すると，国民政府の日本への攻撃と称して，満州事変をひきおこした。

問2　①（浜口内閣—立憲民政党，第2次若槻内閣—立憲民政党）…浜口雄幸内閣も第2次若槻礼次郎内閣も，ともに立憲民政党による内閣である。

問3　イ-③（溥儀）…日本軍の手によって満州国が建国され，清朝の最後の皇帝だった溥儀が執政となった。ウ-②（斎藤実）…五・一五事件（1932年）で立憲政友会の犬養毅首相が暗殺されたことで，憲政の常道といわれる政党内閣の慣行が終わった。後継首相として選ばれたのが，穏健派の斎藤実海軍大将であった。

問4　③…上海事変は，日本人僧侶に対する襲撃事件を機に，日本海軍の陸戦隊と中国軍が激突した事件である。

44

問5 ③…「米・英・仏・伊の4カ国」が誤り。発足当初の国際連盟における常任理事国は，英・仏・日・伊の4カ国である。

問6 ④（イギリス）…リットンはイギリス人である。

▼北伐関係図

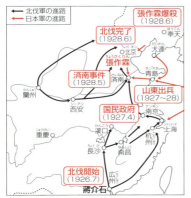

流れを押さえる！　昭和時代戦前1

若槻礼次郎内閣：憲政会	1927年	金融恐慌 → 台湾銀行の危機
田中義一内閣：立憲政友会	1928年	張作霖爆殺事件
浜口雄幸内閣：立憲民政党	1930年	金輸出解禁，ロンドン海軍軍縮条約
第2次若槻礼次郎内閣：立憲民政党		
	1931年	柳条湖事件 → 満州事変
犬養毅内閣：立憲政友会	1932年	満州国の建国
		五・一五事件 → 政党内閣の終わり
斎藤実内閣：海軍大将	1933年	国際連盟脱退を通告
岡田啓介内閣：海軍大将	1936年	二・二六事件
広田弘毅内閣：外交官	1936年	日独防共協定

23 昭和時代戦前2

問題：本冊 p.86

1 問1 a 問2 a 問3 c 問4 a 問5 b 問6 d
　　問7 b 問8 a 問9 d

解説

1 問1　a（南京）…1937年7月の盧溝橋事件を機に，**第1次近衛文麿内閣**が中国への援軍派遣を決めると，上海でも日中両軍の衝突が起こり戦場は拡大していった（**日中戦争**）。日本軍は同年12月に中国の首都南京を占領した。

問2　a（第1次近衛文麿）…近衛内閣は1938年1月に「**国民政府を対手とせず**」と声明し，中国との和平交渉の機会を失った。さらに同年11月には「**東亜新秩序**声明」を出し，中国国民党の有力者である**汪兆銘**〔精衛〕を利用して戦争の終結をはかろうとした。

問3　c…「**東亜新秩序**声明」では，日中戦争の目的が日本・中国・満州国の協力による新たな秩序の形成にあるとした。

問4　a（西安事件）…中国国内で内戦を続けていた**蔣介石**の**中国国民党**と毛沢東の**中国共産党**とが，1936年12月の**西安事件**をきっかけに内戦を停止し，協力して日本に抵抗する方向（**第2次国共合作**）に向かった。

問5　b（張学良）…**張学良**は西安を訪れた**蔣介石**を捕えて監禁し，内戦を停止して**中国国民党**が共産党と協力して日本に抵抗することを求めた。

問6　d（大東亜会議）…1943年，日本はビルマ・フィリピンの独立を認め，自由インド仮政府を承認した。同年11月に，こうした日本の勢力下にある諸地域の指導者たちを東京に集めて**大東亜会議**が開かれ，共同宣言が出された。

問7　b（学徒出陣）…**太平洋戦争**の動向が悪化した1943年9月，大学や専門学校の文科系学生・生徒の徴兵猶予が停止され，同年12月から**学徒出陣**が始まった。

問8　a（A＝オランダ　B＝イギリス　C＝アメリカ）…東南アジアのインドネシアはオランダ領，マレーシアはイギリス領，フィリピンはアメリカ領であった。

問9　d（神道指令の発布）…1930年代後半から朝鮮・台湾に対する同化政策が強化され，いわゆる**皇民化政策**が進められ，神社の参拝や日本語の使用が

46

強制された。**神道指令**〔**国家と神道との分離指令**〕とは，1945年12月に日本政府による神社神道の援助・監督などの廃止を求めたものである。

▼日中戦争関係図

流れを押さえる！ 昭和時代戦前2

近衛文麿内閣	1937年7月	盧溝橋事件 → 日中戦争
	1938年11月	「東亜新秩序」声明
平沼騏一郎内閣	1939年7月	アメリカが日米通商航海条約の廃棄通告
阿部信行内閣	1939年9月	第二次世界大戦始まる
米内光政内閣	1940年3月	汪兆銘による新国民政府の樹立
第2次近衛内閣	1940年9月	北部仏印進駐，日独伊三国同盟
	1941年4月	日ソ中立条約，日米交渉の開始
第3次近衛内閣	1941年7月	南部仏印進駐
東条英機内閣	1941年12月	太平洋戦争はじまる
	1943年11月	大東亜会議の開催
小磯国昭内閣	1945年4月	沖縄戦はじまる
鈴木貫太郎内閣	1945年8月	ポツダム宣言の受諾

5章 現代

24 昭和時代戦後1

問題：本冊 p.90

1 問1 3　問2 1　問3 1　問4 4

2 問1 A　問2 D　問3 A　問4 B　問5 D

　　問6 C　問7 B　問8 D　問9 C　問10 A

解説 **1** 問1 **3（ワシントン）**…**極東委員会**は**連合国**による対日占領政策決定の最高機関としてワシントンに置かれた。

問2 **1**…「カルテル・トラストなどが禁止された」が誤り。**過度経済力集中排除法**は，各産業部門の巨大独占企業の分割をめざしたものである。

問3 **1**…「公選制から任命制となった」が誤り。新しくできた**地方自治法**では，都道府県知事と市町村長が公選となり，地方の自主性が強められた。

問4 **4（ドッジ）**…ドッジは**GHQ**の財政顧問として1949年に来日し，**経済安定九原則**の実現のため赤字を許さない予算編成を命じた。

2 問1 **A**…占領軍の要求は法律の制定を待たずに，勅令（「ポツダム勅令」）で実行された。占領政策は，日本政府の諸機構を通じた**間接統治**の方針がとられた。Bは「東京に極東委員会が置かれた」が誤り。**極東委員会**はワシントンに置かれた。Cは「占領政策全般に大きな影響力を持った」が誤り。**対日理事会**は日本占領の諮問機関だが，実質的にはアメリカ政府の単独占領だった。Dは「間接統治の方式がとられた」が誤り。沖縄・奄美・小笠原諸島は米軍の直接統治下。

問2 **D**…**東久邇宮稔彦内閣**は，GHQの望むような急速な非軍事化・民主化政策を実行できずに退陣した。

問3 **A**…GHQは三井・三菱・住友・安田をはじめとする**財閥解体**を命じた。Bは「300社以上の独占企業が解体された」が誤り。実際に分割されたのは11社のみ。Cは「自作農創設特別措置法が制定され」が誤り。同法が制定されたのは，**第2次農地改革**のときである。Dは「小作農・自作農・地主からそれぞれ同数選ばれた」が誤り。第2次農地改革における農地委員会は，小作農5・自作農2・地主3の割合で選ばれた。

問4 **B**…「争議権が認められなかった」が誤り。1948年の**政令201号**が出されるまで，官公庁労働者の争議権は認められていた。

48

問5　D…「任命制」が誤り。当初は公選制で、1956年から任命制。

問6　C…Aは「抜本的な改正案を作成した」が誤り。**憲法問題調査委員会**の案は保守的でGHQに却下された。Bは「作成されることはなかった」が誤り。憲法研究会など民間の憲法草案もみられた。Dは「修正されることはなかった」が誤り。帝国議会で修正を経たものが、**日本国憲法**として発布された。

問7　B…「都道府県警察のみ」が誤り。1947年の警察法で、警察は**自治体警察と国家地方警察**に二元化された。

問8　D…「独立回復と同時に」が誤り。日本の**国連**加盟は独立回復後の1956年。

問9　C（ア―芦田均　イ―吉田茂）…民主党・日本社会党・国民協同党の**芦田均**連立内閣が倒れたあと、**民主自由党**の**吉田茂**が内閣を組織した。

問10　A…「すべての連合国が出席し、条約に調印した」が誤り。日本はアメリカをはじめとする西側の自由主義陣営とだけ講和した。

▼日本の占領機構

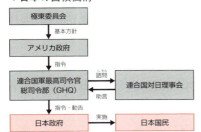

流れを押さえる！　昭和時代戦後1

東久邇宮稔彦内閣	1945年9月	降伏文書に調印
幣原喜重郎内閣	1945年10月	マッカーサーの五大改革指令
吉田茂内閣	1946年11月	日本国憲法の公布
片山哲内閣	1947年12月	過度経済力集中排除法
芦田均内閣	1948年7月	政令201号（国家公務員の争議権否定）
吉田茂内閣（第2次～第5次）		
	1948年12月	経済安定九原則の実行指令　→　ドッジ＝ライン
	1950年6月	朝鮮戦争おこる　→　警察予備隊の創設
	1951年9月	サンフランシスコ平和条約、日米安全保障条約調印

25 昭和時代戦後2

問題：本冊 p.94

1	問1 ア	問2 エ	問3 イ	問4 イ	問5 イ
	問6 ア	問7 エ	問8 ウ	問9 エ	問10 ウ

解説 **1** **問1** **ア（もはや戦後ではない）**…戦後の経済復興が進む中，1956年度の『**経済白書**』は「**もはや戦後ではない**」と記し，日本経済が戦後の復興期を終えて新しい段階に入ったことを示した。

問2 **エ（神武景気→岩戸景気→オリンピック景気→いざなぎ景気）**…**神武景気**（1955〜57年）は神武天皇の時代以来の好景気という意味で名づけられた。その後，同じように日本の神話になぞらえた「**岩戸景気**」（1958〜61年），「**いざなぎ景気**」（1966〜70年）が生まれた。「**オリンピック景気**」は東京オリンピック（1964年）に伴う好景気をさす。

問3 **イ（第2位）**…大型好景気が続く中で日本の**国民総生産（GNP）**は飛躍的に伸び，1968年には資本主義国の中でアメリカにつぐ世界第2位の経済大国になった。

問4 **イ（自家用自動車・カラーテレビ・クーラー）**…経済の高成長は国民の生活様式に大きな変化をもたらした。個人消費の面では，1950年代の後半には「**三種の神器**」（白黒テレビ・電気洗濯機・電気冷蔵庫）が急速に家庭に普及し，その後1960年代末以降は，「**新三種の神器**」（自家用自動車・カラーテレビ・クーラー）の3Cが普及するようになった。

問5 **イ（池田勇人）**…池田勇人内閣は野党との対立を避ける「**寛容と忍耐**」を唱えて，「**所得倍増**」のスローガンのもと経済重視の政策をとった。

問6 **ア（IMF8条国）**…1964年，日本は国際収支の悪化を理由として為替制限ができない**IMF8条国**に移行した。それまでの日本は14条国として扱われ，為替管理を容認されていた。

問7 **エ（360）**…1949年に来日したドッジによる経済政策の中で，1ドル＝360円の単一為替レートが設定された。このレートは，日本経済の実態と無関係に固定されていたため，実質的な円安効果を発揮することで日本の輸出に有利に働き，大幅な貿易黒字を実現していた。

問8 **ウ（OECD）**…1964年に日本は**経済協力開発機構（OECD）**への加盟

50

を果たし，資本の自由化を義務づけられた。

問9 **エ（宮崎県土呂久の慢性ヒ素中毒症）**…**高度経済成長**の裏側で深刻化した四大公害とは，**水俣病・四日市ぜんそく・イタイイタイ病・新潟水俣病**をさす。

問10 **ウ（公害対策基本法）**…公害問題をはじめとした生活環境の悪化が大きな問題になる中で，政府は**公害対策基本法**の制定（1967年）や**環境庁**の設置（1971年）などの対策を講じるようになった。

▼戦後の経済成長率の推移

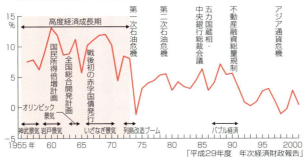

「平成29年度 年次経済財政報告」

流れを押さえる！　昭和時代戦後2

高度経済成長期の日本経済

1956年　経済企画庁『経済白書』に「もはや戦後ではない」と記述

1960年　池田勇人内閣が国民所得倍増計画を打ち出す

1968年　GNP（国民総生産）が資本主義国の中で第2位

1973年　第1次石油危機　→　経済成長率が戦後初のマイナス（1974年）

バブル経済と平成不況

1982年　日米貿易摩擦が深刻化

1985年　プラザ合意　→　円高不況

1986～91年　地価・株価の高騰によるバブル経済

1991年　バブル経済の崩壊（平成不況の開始）

〔大学入試 全レベル問題集 日本史Ｂ ①基礎レベル〕（別冊） S8f008